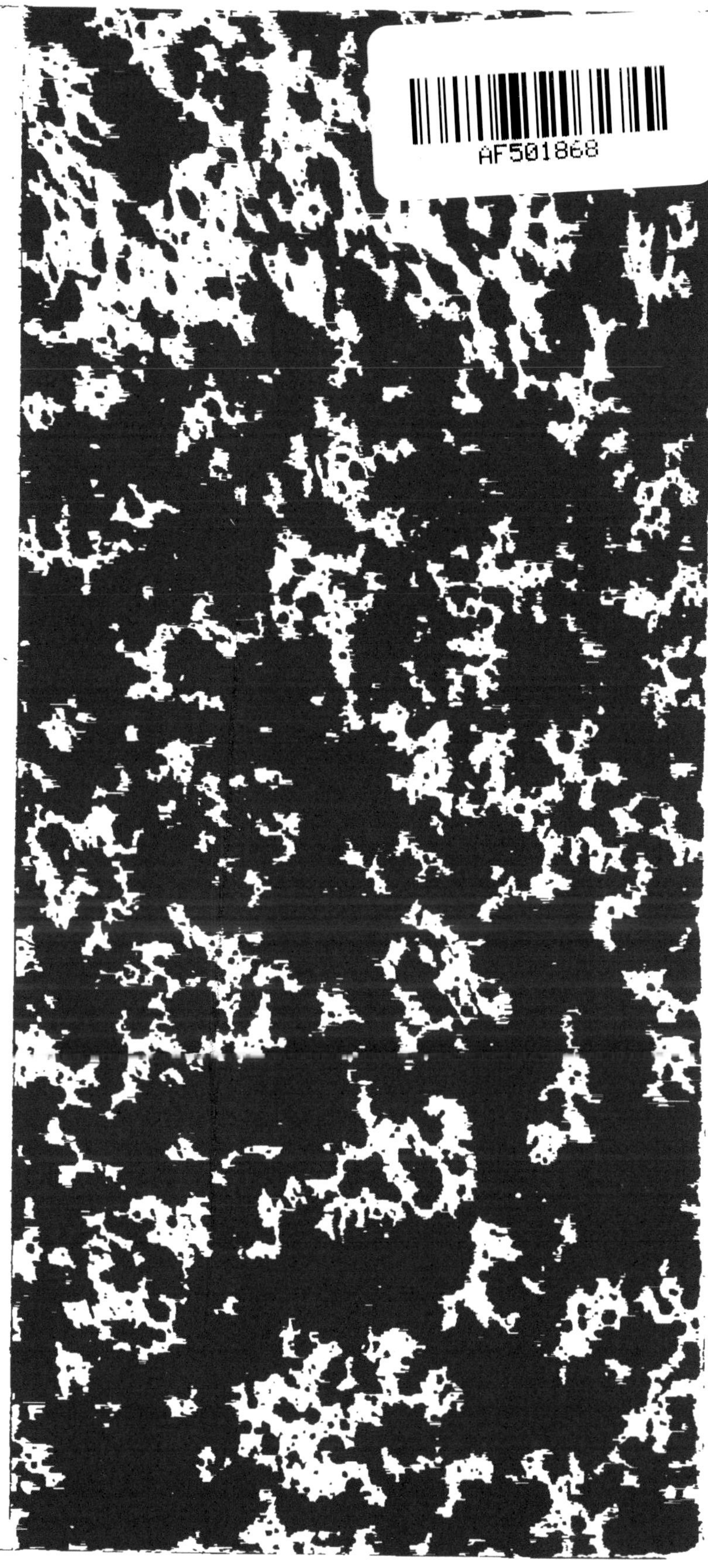
AF501868

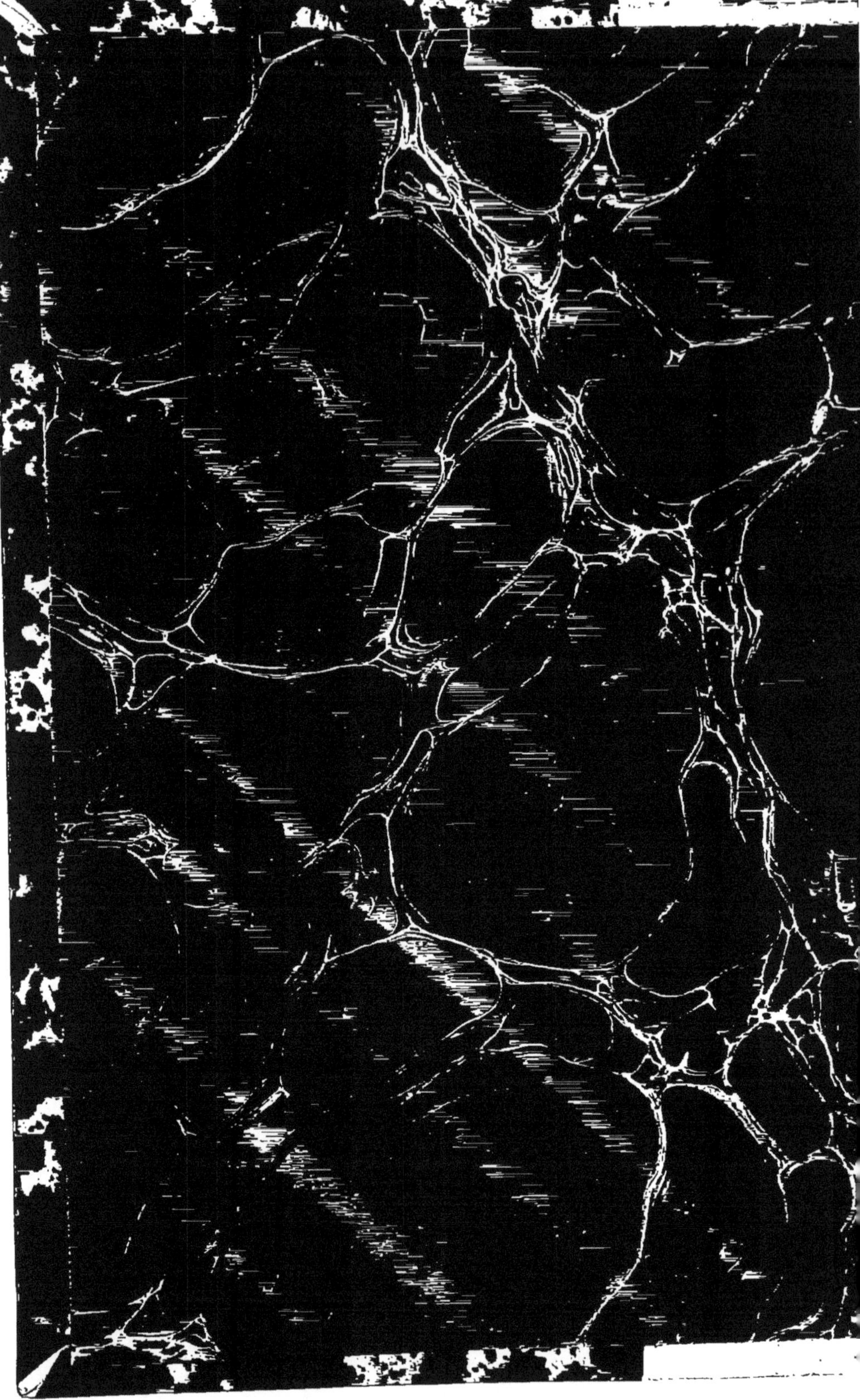

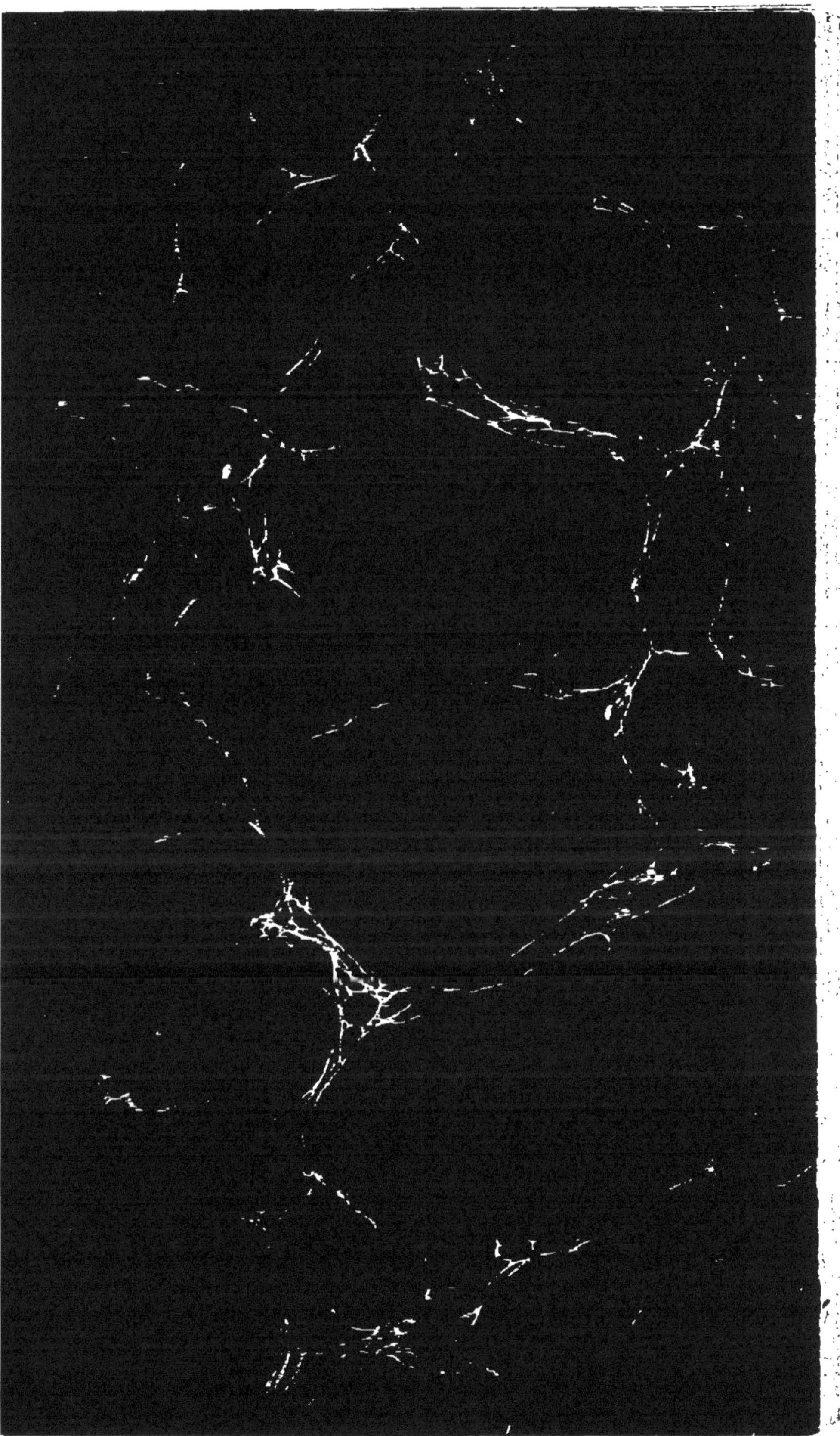

SOUVENIRS D'UN CHALONNAIS

NEUF MOIS DE CAPTIVITÉ EN POMÉRANIE

OCTOBRE 1870 — JUILLET 1871

Par PH. BRUCHON
EX-VOLONTAIRE AUX ARMÉES DU RHIN, DE LA LOIRE ET DES VOSGES

Prix : 1 fr. 25

CORBEIL
IMPRIMERIE L. DREVET
3, rue de Paradis

1886

SOUVENIRS D'UN CHALONNAIS

NEUF MOIS DE CAPTIVITÉ
EN POMÉRANIE

Corbeil imp. DREVET, 3, rue de Paradis.

SOUVENIRS D'UN CHALONNAIS

NEUF MOIS

DE

[C]APTIVITÉ EN POMÉRANIE

[O]CTOBRE 1870 — JUILLET 1871

Par PH. BRUCHON

[E]X-VOLONTAIRE AUX ARMÉES DU RHIN, DE LA LOIRE
ET DES VOSGES

Prix : 1 fr. 25

CORBEIL

IMPRIMERIE L. DREVET

3, rue de Paradis

1886

A vous, héros inconnus, martyrs sublimes qui avez bu jusqu'à la lie la honte et l'outrage infligés à des infortunés, par un peuple inhumain, je dédie ces pages que m'a dictées votre souvenir.

A mes Chers Camarades d'infortune, ensevelis dans les plaines de l'Allemagne!

A l'Alsace et à la Lorraine, ces filles courageuses de la Patrie française!

Ph. B.

PRÉFACE

Je prie le lecteur d'être clément pour mon ignorance en littérature, car ces pages étaient dignes d'une meilleure plume que la mienne ; aussi c'est sans prétention aucune que je les confie à son patriotisme qui, j'ose l'espérer, excusera mon incapacité et accordera à ce livre l'honneur d'être lu.

Le but de la publication de ces souvenirs n'est pas de faire du chauvinisme à outrance : on peut être bon patriote sans cela ; mais il est bon que tous mes compatriotes sachent bien ce qu'est ce peuple allemand, qui ose se poser en civilisateur, et qui n'est qu'une horde de barbares.

Les souffrances morales et physiques endurées par des malheureux sans défense et dignes d'un meilleur sort, les coups de fusil, de crosse et de plat de sabre prodigués avec rage par des brutes à des hommes minés par la faim, le froid, et d'affreuses maladies : voilà ce que j'ai à cœur de faire connaître à tous, afin qu'il n'y ait dans tout cœur français que haine et exécration contre ces mercenaires qui sont hors l'humanité.

Il ne faut pas que les générations nouvelles et à venir se bercent dans l'espoir de voir acclamer un jour l'ère de la fraternité des peuples par les Hurons d'outre-Rhin ; les pendules que nous ont volées ces Teutons n'en marqueront jamais l'heure, ce peuple ne connaissant, en fait de fraternité, que la *fraternité allemande*, et tout ce qui naît sous un autre ciel que celui de la choucroute et de la bière devant, selon lui, subir sa grossière devise : LA FORCE PRIME LE DROIT.

Si cette nation, qui se courbe sous une foule de roitelets et de seigneurs, avait un jour le courage de faire son 89, ce dont il est permis de douter, ce serait un 89 *allemand*, car cette race, qui se croit faite pour asservir, ne produira jamais que des envahisseurs ayant pour principal objectif la France libératrice de 92.

A nous d'avoir constamment les yeux fixés sur ce qui se passe de l'autre côté des Vosges; et, afin d'être toujours en mesure faire face à cet ennemi séculaire qui nous considère comme une proie facile, n'oublions jamais les sombres jours de l'année terrible !

Il y va du salut de la Patrie.

APRÈS LE DERNIER COMBAT

I

Pour attester la véracité des faits qui vont suivre, je prends à témoin tous ceux qui ont eu, comme moi, l'heureuse chance de survivre aux conséquences de la sauvagerie allemande.

Je faisais partie du 32me régiment de marche, détaché de l'armée de la Loire (alors en formation à Vierzon) lors de la capitulation de Strasbourg, et destiné à aller dans les Vosges grossir l'effectif d'un petit corps d'armée devant retarder la marche du trop fameux Badois Werder, venant de terminer le plus beau fait qui ait jamais paru dans les annales du vendalisme :

bombardement de Strasbourg, incendie de la bibliothèque, etc., etc...

Le 6 octobre, un combat sanglant fut livré, à la Bourgonce, par notre général M. Peitavin, contre l'avant-garde du Badois cité plus haut, commandée par son lieutenant Degenfeld, dont l'objectif était Saint-Dié.

Dans cette affaire, où tous combattirent avec courage, depuis les francs-tireurs des Vosges jusqu'aux gardes-mobiles du même pays et des Deux-Sèvres, nous fûmes écrasés par le nombre, après huit heures de combat, huit trains de troupes étant arrivés de Lunéville et Nancy au secours de leur avant-garde sérieusement menacée.

Tournés et débordés par un ennemi vingt fois supérieur en nombre, 800 environ d'entre nous furent faits prisonniers; j'étais de ceux-là.

Lorsque nous eûmes cessé le feu faute de munitions (nous ne pouvions nous en procurer d'autres, le reste de l'armée étant en retraite, nous étions complètement isolés), les soldats allemands se précipitèrent furieux dans cette masse de 800 hommes, qui comptait au moins 500 blessés, et se mirent à fouiller avec rage parmi nous, voulant à tout prix trouver des francs-tireurs dans nos rangs.

Trois mobiles des Vosges, vêtus de blouses grises et coiffés de képis de même couleur, furent éventrés, et il est probable que tous ceux de cette arme auraient eu le même sort, si deux de nos officiers de l'infanterie, bien que blessés, ne fussent intervenus énergiquement et ne fussent parvenus avec bien des peines à faire entendre à ces forcenés que ces malheureux n'étaient pas des francs-tireurs.

Le champ de bataille était maintenant silencieux ; et, à travers le crépitement de l'incendie de quelques fermes qui achevaient de brûler, on entendait les cris des mourants et des blessés que le feu achevait.

Çà et là, quelques coups de fusil tirés au loin dans les montagnes, et à de rares intervalles, par les retardataires en retraite qui avaient pu heureusement gagner les bois et la route de Gérardmer, inquiétaient encore ces soudards, ce qui les fit s'abstenir prudemment de toute poursuite.

Ils nous formèrent alors en colonne sur trois rangs, nous comptèrent et se mirent en devoir de nous éloigner au plus vite du lieu de l'action.

Il était environ cinq heures du soir, et beaucoup d'entre nous, sinon tous, n'avaient rien mangé depuis la veille.

A une centaine de mètres de la gare d'Etival-Clairefontaine, ils nous firent faire halte et nous comptèrent encore minutieusement pour la troisième fois.

Parmi les habitants de ces villages, si éprouvés par la bataille et l'invasion, beaucoup n'avaient pas quitté leurs demeures ; une courageuse femme vint alors, malgré la présence et la brutalité des soldats allemands, apporter à manger aux prisonniers.

Elle avait un tablier plein de pommes de terre cuites dans la cendre, et pendant que nous nous jetions avec avidité sur ces aliments pour apaiser notre faim, cette courageuse fille de Lorraine pleurait ; trois fois pendant la halte, malgré les affronts dont les Allemands l'abreuvaient, elle vint ainsi apporter à manger à la malheureuse colonne.

Qui était-elle ? nul ne le savait, un seul de ses noms était connu : Française ! oui, Française ! comme il y en a tant dans notre chère patrie : nous en sommes fiers, et cela nous donne la force d'espérer.

Un officier allemand, profitant de la halte, voulut nous faire une sorte de discours en mauvais français.

Il se permit de nous dire que nous allions être conduits dans un pays de civilisation ! que nous aurions des vivres plus tard, mais que pour le moment il ne fallait pas y compter, attendu que les troupes allemandes, elles-mêmes, en étaient dépourvues, ce qui était faux, car tous ceux des leurs qui nous escortaient mordaient à belles dents dans d'énormes quartiers de lard cru, comme de véritables cannibales, et avaient leurs sacs bourrés de vivres.

Nous répondîmes à cette harangue par le cri de : Vive la France ! cri, qui fit montrer les dents à tous ces loups.

La colonne s'étant remise en marche, il nous firent hâter le pas afin d'arriver à un endroit propice pour mieux nous garder pendant la nuit, qui approchait, et nous enlever par là toute chance d'évasion.

Nous arrivâmes bientôt à un pont qui traverse la Meurthe, assez large en cet endroit ; la halte fut ordonnée, des postes furent établis aux deux bouts de ce pont ; les Allemands jetèrent quelques bottes de paille pour servir de lit à nos officiers et nous prévinrent que toute tentative d'évasion par la rivière entraînerait la mort.

Cette nuit fut mauvaise : une pluie glaciale ne cessa de tomber. Les Allemands avaient allumé de grands feux aux deux extrémités du pont, pour servir aux soldats des postes ; nous ne pouvions nous en approcher sans risquer des coups de bayonnette.

De temps en temps, des chars de blessés ainsi que des fourgons du train d'équipage traversaient le pont où nous étions entassés et nous passaient dessus sans crier gare ; heureusement pour nous que nous ne pouvions dormir, en raison du mauvais temps ; sans cela ils nous eussent écrasés impitoyablement.

Enfin le jour parut ; on se remit en marche ; il était environ dix heures du matin lorsque nous atteignîmes la petite ville de Raon-l'Etape.

Là les Allemands nous firent entrer dans l'église ; il nous fouillèrent avec précaution, craignant que nous n'eussions sur nous des armes ; et ils nous comptèrent de nouveau.

Environ deux heures après notre arrivée, un officier allemand, une brute parmi les brutes, entre dans l'église le revolver au poing ; il est suivi du tambour de ville qu'accompagnent deux soldats ; il lui donne l'ordre de battre un roulement et de nous faire savoir qu'il allait nous être fait une distribution de vivres par les soins de la municipalité et des autorités allemandes.

Lorsque le crieur public a terminé sa péroraison, il est violemment chassé de l'église ; alors l'officier allemand s'emporte sans aucun motif, il brandit son revolver en vomissant une foule d'imprécations et d'injures contre la France et les Français ; brutalement, il ordonne à ses soldats qui sont là, bayonnette au canon, de briser à coups de crosses tous les vitraux de l'église, sous prétexte qu'il n'y a pas assez d'air ; un poste est établi dans le chœur ; un factionnaire monté sur les marches de l'autel, domine tous les prisonniers ; un autre poste, placé sous le porche, veille à l'entrée et fournit des factionnaires qui s'installent dans les confessionnaux, de chaque côté de l'entrée, en dedans.

Dans le chemin qui conduit de l'entrée au chœur, l'officier continue de crier et de gesticuler ; il ne fait que menacer, et ordonne aux soldats qu'il a placés de distance en distance de tuer dans le tas à la moindre incartade.

Les choses en étaient là, lorsque nous vîmes entrer des dames, ayant le brassard d'ambulance, et portant des paniers de pain et de rations de viande ; c'étaient les habitants de Raon-l'Etape qui nous donnaient ce que la rapacité allemande leur avait laissé.

Les visages de ces braves et généreuses femmes étaient empreints d'une douloureuse tristesse, lorsqu'elles virent ces malheureux, souillés de sang, de boue, et pâlis par la faim, manger avec une telle avidité.

Les officiers et soldats allemands riaient de nous voir nous jeter comme des loups affamés sur les vivres qu'elles nous donnaient.

Lorsque la distribution fut terminée, les portes furent soigneusement fermées, et nous prîmes nos dispositions pour la nuit, afin de pouvoir prendre un peu de repos. Quelques-uns d'entre nous parlaient de s'évader ; ils ne purent y parvenir, car tout était bien gardé.

L'église était plongée dans un silence

que troublait seul le pas des sentinelles et la respiration de ces 800 hommes entassés pêle-mêle, lorsque tout-à-coup, dans le milieu de la nuit, un coup de feu retentit suivi d'une fusillade générale ; les Allemands criblent de balles un point de l'église désigné par un factionnaire ; ce dernier a cru voir l'un de nous tenter de fuir par une fenêtre qui, du reste, est solidement grillée ; ceux qui dorment se réveillent en sursaut; et dans l'obscurité où nous nous trouvons, il s'ensuit un tumulte général.

Nos officiers, redoutant une seconde décharge, s'efforçent de nous crier : « Couchez-vous ! » Leur conseil est suivi.

Les Allemands font alors l'inspection des fenêtres et constatent qu'il n'y a pas d'évasion possible de ce ce côté, ce qui ne les empêche pas de nous malmener et de nous menacer brutalement, tout comme si nous étions cause de la méprise de leur factionnaire.

Enfin, le calme se rétablit, et aucun autre incident ne vint troubler cette première nuit passée dans l'église de Raon-l'Etape.

Deux jours et trois nuits se passèrent sans incidents bien importants ; néanmoins le fait suivant, que je tiens à publier donnera une idée de l'éducation allemande.

Lorsque l'un de nous désirait satisfaire un besoin naturel, il fallait qu'il en trouvât neuf autres qui fussent dans le même cas que lui ; il était donc forcé, comme on le comprendra facilement, de prier des camarades de simuler le même besoin.

Alors on leur donnait une escorte, et ces dix hommes, conduits la bayonnette au canon et le fusil chargé, étaient amenés sur la place de l'Eglise, et là, devant tout le monde, femmes et enfants !.....

Lorsque les Allemands en apercevaient qui simulaient, et il y en avait au moins huit sur les dix, ils les faisaient rentrer à grands coups de crosse dans le dos !... Cela se renouvelait au moins cinquante fois dans un jour.

Très civilisés, les sujets de M. Guillaume !

Enfin, un matin, c'était un dimanche, je crois, il nous firent sortir de l'église, et dans la rue ils nous comptèrent peut-être pour la vingtième fois ; une escorte d'infanterie formait la haie de chaque côté de la rue ; au commandement d'un officier, les soldats chargèrent les armes en nous lançant des coups d'œil et en ricanant ; un peloton de uhlans prit la tête pour éclairer la route : ensuite venait une compagnie d'infanterie ; les mêmes dispositions furent prises derrière la colonne, et l'on se mit en marche.

ÉTAPE DOULOUREUSE

II

Nous traversâmes ainsi toute la ville, pour prendre la route de Lunéville.

Sur notre passage, les vieillards restés au pays se découvraient, et les femmes nous criaient courage en sanglotant.

C'était navrant de voir ces pauvres gens, cependant si éprouvés, et condamnés aussi à subir les affronts et les brutalités de l'envahisseur, s'apitoyer ainsi sur notre sort.

Bientôt, nous laissions derrière nous les dernières maisons de Raon-l'Etape, et à deux kilomètres environ nous entrions dans le département de la Meurthe.

En quittant les montagnes, nous pûmes

nous rendre compte, vu l'horizon que nous pouvions embrasser, de l'importance de l'escorte qui nous conduisait.

Indépendamment des pelotons placés en avant et en arrière de la colonne et des deux haies d'infanterie marchant, comme nous, par le flanc, des uhlans dispersés en flanqueurs chevauchaient à deux cents mètres environ dans les champs qui bordaient la route.

Toute tentative d'évasion devenait donc impossible, quoique nous eussions quand même l'espoir de nous échapper.

Il y avait à peu près une heure que nous marchions, énervés d'entendre l'escorte hurler des chansons qui, sans doute, insultaient au malheur de la France, lorsque la pluie commença à tomber. Cela incommoda les Teutons; ils se turent et se mirent à manifester leur mauvaise humeur contre nous; ils nous lançaient des menaces en maugréant, comme si nous eussions été cause du mauvais temps; et les coups de crosse commencèrent à être appliqués à tort et à travers sur ceux que des blessures légères n'avaient pas mis hors d'état de faire la route avec nous et qui, affaiblis, ne pouvaient suivre la colonne.

Nous passions alors devant quelques maisons disséminées sur les bords de la route ; dès que les habitants virent qui nous étions, ils sortirent précipitamment et nous apportèrent du pain ; mal leur en prit, car les coups se tournèrent contre eux.

Soudain nous vîmes des femmes prendre sur leurs bras leurs enfants et venir braver, sous l'égide de ces pauvres petits êtres, la cruauté des soldats allemands.

Mais ces bandits ne respectaient rien ; la présence de ces innocents dans les bras de leurs courageuses mères ne prévalut pas contre la barbarie de ces gens, et ces sublimes Françaises reçurent à leur tour des coups de crosse et de plat de sabre.

Les coups pleuvaient sur elles et les plus sanglants affronts leur étaient infligés par ces brutes ; pas une ne se plaignait ni ne voulait reculer avant de nous avoir donné le pain et les provisions quelles nous apportaient.

Une telle sauvagerie nous exaspéra ; devant ces vaillantes femmes ainsi maltraitées pour nous, la colère gronda sourdement, et nul doute que si nous eussions eu en mains des bâtons, nous ne fussions tombés sur ces lâches.

Un cri d'indignation et de rage sortit de nos poitrines : nous fûmes immédiatement couchés en joue ! « Canailles ! » tel fut le cri de ces pauvres femmes lorsqu'elles virent le mouvement des Allemands.

Ces derniers hésitèrent à faire feu. Nous engageâmes alors nos malheureux compatriotes à ne plus s'exposer pour nous, et nous continuâmes notre route.

Néanmoins le dernier mot resta aux femmes ; elles nous jetèrent, du seuil de leur porte, le pain qu'elles n'avaient pu nous donner.

Nous approchions de Baccarat, l'averse redoublait d'intensité ; cependant la rage que les Allemands manifestaient contre nous diminuait; c'est que l'étape se terminait pour eux : une autre escorte, désignée à l'avance et composée de la même façon que la première, allait nous conduire à Lunéville.

La route que nous suivions forme une des principales rues de Baccarat.

Au milieu du pays, la halte fut ordonnée, les Allemands nous quittèrent pour aller se restaurer ; ceux qui devaient nous escorter à nouveau nous surveillaient du seuil des portes, les uns mangeant, les autres fumant.

Quant à nous, nous devions rester au milieu de la route, à la pluie, et sans même pouvoir nous asseoir ailleurs que dans la boue.

C'est alors que, malgré la pluie battante nous vîmes arriver un boulanger suivi d'une foule de femmes et d'enfants portant des pains.

Cet homme taillait dans ses pains, et femmes et enfants faisaient la distribution, disant en sanglotant : « Vous en aurez tous ! »

Lorsque la distribution fut terminée, ces

braves gens restèrent avec nous, semblant vouloir prendre leur part de l'averse contre laquelle il nous était défendu de nous abriter.

Enfin, après une demi-heure de halte, les dispositions furent prises pour continuer la route, et la colonne reprit sa marche, accompagnée par les adieux et les souhaits des braves habitants de Baccarat.

Peu de temps après notre départ, la pluie avait cessé, la nouvelle escorte avait pris l'allure fanfaronne de la précédente et semblait vouloir dépasser cette dernière en cruauté.

J'ai déjà dit que nous avions parmi nous des hommes légèrement blessés ; indépendamment de ceux-là, beaucoup étaient affaiblis par la triste existence que nous menions depuis quelques jours ; ils faisaient de pénibles efforts afin de pouvoir suivre la colonne, redoutant les coups qui n'auraient pas manqué de leur être distribués s'ils eussent ralenti leur marche ; les plus valides les soutenaient pour leur aider à marcher. Lorsque, exténués, pris d'une faiblesse subite et sentant leurs jambes se dérober sous eux, plusieurs de ces malheureux se laissèrent tomber sur des tas de pierres cassées placés de distance en distance, sur les bords de la route, à notre grande surprise les soldats formant la haie ricanèrent, et ce fut tout.

Etonnés de voir les Allemands ne pas mettre en pratique leur brutalité ordinaire vis-à-vis de nos infortunés camarades, nous ne savions que penser ni à quoi attribuer ce changement survenu dans leur manière d'agir, lorsque tout à coup des hurrahs féroces éclatèrent derrière nous.

Alors nous vîmes les uhlans pousser leurs chevaux sur nos malheureux blessés.

Ceux-ci, pour éviter d'être écrasés, se traînèrent comme ils purent ; malgré cela, ils n'échappèrent pas aux coups de plat de sabre que ces bandits leur prodiguèrent pendant le reste de l'étape ; et c'est après avoir supporté cruautés sur cruautés, que nous atteignîmes les premières maisons de Lunéville.

En apprenant qu'il arrivait des prisonniers, beaucoup d'habitants vinrent au-devant de nous, portant des paniers de provisions. Ces braves gens n'eurent pas la satisfaction de nous les donner, car les Allemands les repoussèrent brutalement, avec force menaces.

Avant d'entrer en ville, la colonne s'arrêta ; l'officier commandant l'escorte nous avertit, en un français presque incompréhensible, qu'il nous était défendu d'entrer en pourparlers avec les habitants, et que nous devions faire attention à nous, si nous ne tenions pas à être allégés de notre cervelle ; et, pour mieux accentuer sa menace, il approcha le canon de son revolver du crâne de quelques-uns.

Du reste, ces recommandations et ces menaces allaient devenir inutiles, comme on va le voir.

Sur tout le chemin que nous avions à parcourir pour nous rendre à la caserne de l'Orangerie où l'on nous conduisait, des soldats de la landwehr formaient la haie ;

ces soldats étaient plutôt des monstres que des hommes.

Les barbes rouges et crasseuses de ces Allemands gonflés de bêtise et suant la bière, se hérissaient à notre passage ; ces physionomies avaient soif de sang ; leur lâcheté éclatait en exclamations sauvages ; et ils frappaient avec frénésie sur nous.

Pas un seul ne s'est abstenu ; soit les coups de plat de sabre, soit les coups de pied ; les bayonnettes mêmes piquaient à tort et à travers ceux qui ne pouvaient les éviter ; et, entre ces doubles rangs de lâches assouvissant leur rage sur des hommes exténués et sans défense, nous marchions comme un troupeau de moutons entouré de chiens activant sa marche à grands coups de dents.

Les soldats de l'escorte excitaient ces brutes par leur rire approbateur et s'effaçaient complaisamment, afin que les coups ne manquassent pas leur but.

Que ceux qui liront ces lignes se souviennent, dans leur indignation, que les sauvages qui frappaient ainsi des hommes sans défense étaient ces lâches soldats de la landwehr qui, faits prisonniers dans bien des rencontres, se jetaient à genoux, évoquant le tableau de leur femme et de leurs enfants, et demandaient grâce à ceux qui les traitaient avec tous les égards.

Enfin, notre arrivée à la caserne de l'Orangerie mit un terme à ces ignominies.

DERNIER SÉJOUR EN FRANCE

III

La caserne de l'Orangerie qui, avant l'occupation de la ville par les troupes allemandes, était affectée au 10e régiment de cuirassiers, avait été dès les premières affaires transformée en ambulance internationale ; le manège seul était resté vacant ; ce fut là que l'on nous entassa.

Ce vaste bâtiment n'avait qu'une issue, une grande porte à deux battants s'ouvrant sur la cour de la caserne ; un poste fut placé à l'entrée, mais aucun soldat allemand ne resta parmi nous.

Le personnel de l'ambulance établie dans le principal corps de bâtiment était presque complètement composé de Français ; il y avait des sœurs, des dames laïques et de jeunes hommes de quinze à dix-huit ans.

Ce furent les sœurs qui eurent mission de nous apporter à manger.

Deux de ces dernières vinrent donc le soir, suivies de cinq ou six des jeunes gens cités plus haut, qui portaient d'énormes chaudrons contenant de la semoule.

En voyant arriver tout ce monde non accompagné de soldats, une idée, qui du reste était partagée par beaucoup de ses camarades, vint à l'idée de celui qui écrit ces lignes ; il s'approcha d'une sœur et lui dit : « Vous allez être forcée de revenir, car il n'y en aura pas pour tous. — Oh oui ! nous avons bien encore au moins deux voyages à faire pour compléter la distribution, » répond la sœur.

Il la supplia alors de lui apporter un pantalon et un tablier, de manière à ce qu'il pût passer pour un employé de l'ambulance, ce qui était très facile, vu sa jeunesse (il n'avait pas 18 ans) et le peu d'attention qu'apportaient les soldats du poste en laissant entrer et sortir presque sans contrôle ceux qui nous apportaient des vivres.

La sœur, à cette demande, poussa les hauts cris et refusa catégoriquement en disant : « Ce que vous me demandez là est impossible, car nous sommes responsables des prisonniers qui sont ici ; et les Allemands nous ont prévenus que, s'il manquait un seul de vous, ils brûleraient l'ambulance et nous conduiraient ensuite en captivité. »

— « Mais cependant, lui répondit-il, si quelques-uns d'entre nous parvenaient à s'échapper sans votre concours, les Allemands ne sauraient vous en rendre responsables ! »

La sœur riposta par un refus formel de se prêter en quoi que ce fût à toute tentative d'évasion; puis, rompant brusquement la conversion, elle s'éloigna.

Je doute fort qu'une pareille réponse eût été faite par une de ces braves mères de famille bravant les Allemands à Raon-l'Etape et à Baccarat ; d'ailleurs, le dévouement des religieuses pendant toute cette malheureuse campagne resta bien au dessous de celui des laïques, que la légende semble avoir oublié.

Le lendemain de notre arrivée, dans l'après-midi, on fit le triage des blessés et des malades ; ils furent admis à l'ambulance, et le reste fut conduit à la gare afin d'être embarqué pour l'Allemagne.

La cour de la gare de Lunéville est assez vaste et entourée d'un mur surmonté d'un grillage en fer ; ce fut dans cette cour que nous attendîmes l'heure du départ.

Les habitants s'étaient portés en foule devant la grille qui fermait l'entrée ; des dames, portant des cache-nez, des tricots et différents autres objets, s'efforçaient d'en faire la distribution à travers les barreaux, ce qui n'était pas facile, vu les mauvais traitements auxquels elles s'exposaient.

Deux de ces dames obtinrent des officiers prussiens, à force de supplications et de prières, la permission de pénétrer jusqu'à nous, et, munies chacune d'un calepin, elles prenaient nos noms et l'adresse de nos familles, afin de les rassurer sur notre sort.

Cependant la distribution d'effets qui se faisait à l'entrée de la cour ne parut pas être longtemps du goût des Allemands; car, après avoir repoussé brutalement ces généreuses citoyennes, si heureuses pourtant de nous donner de quoi nous garantir du froid, ils eurent recours à leurs moyens barbares pour les forcer à se disperser.

Des uhlans vinrent se placer entre la grille et la foule et, faisant soudainement volte-face, ils firent ruer leurs chevaux sur cette masse, qui n'était presque composée que de femmes et d'enfants.

Nous entendions les cris de douleur et d'effroi de ces malheureux, mêlés aux ricanements farouches de ces vautours, et les chevaux, éperonnés et retenus en même temps, lançaient ruades sur ruades, en se cabrant, sur nos malheureux compatriotes.

Pendant que s'opéraient ces actes de cruauté dignes des hordes d'Attila, avait lieu notre mise en wagons ; les cris d'adieu, de désespoir et de rage de cette foule ainsi maltraitée nous arrivaient distinctement et nous brisaient le cœur ; en quittant ainsi notre chère patrie mutilée, nos cœurs se serrèrent douloureusement, les sanglots qui nous étouffaient éclatèrent ; nous jetâmes un dernier regard sur cette chère cité lorraine que nous quittions, sur cette France à laquelle on nous arrachait si brutalement, et dont un si grand nombre de nous, hélas ! avaient foulé le sol sacré pour la dernière fois !....

Les wagons dans lesquels nous étions montés avaient servi au transport de troupes ennemies et, détail ironique, ils étaient encore tout enguirlandés de fleurs et de verdure ; cependant, à voir l'intérieur de ces véhicules, on eût plutôt cru qu'ils avaient transporté des pourceaux, par les immondices de toutes sortes qui y étaient entassées.

Des soldats bavarois furent distribués

dans chacun de ces wagons, afin de nous surveiller, pendant la route; et, bien qu'armés jusqu'aux dents, ils évitèrent prudemment de se mêler avec nous ; ils se placèrent donc, pour mieux nous observer, à chaque extrémité du wagon.

Lorsque le train se mit en marche, il faisait presque nuit; et, comme les vasistas étaient soigneusement fermés, les Bavarois allumèrent des lanternes accrochées aux parois du wagon et se mirent à nous observer assez longtemps en silence ; puis, enhardis par notre attitude morne et abattue, ils se mirent à jargonner entre eux.

Il y avait plus d'une heure que le train roulait, lorsqu'un de ces fauves se mit à chanter ; il entonna d'une voix rauque le refrain de la chanson des *Pompiers de Nanterre.* Il fallait y mettre beaucoup de complaisance pour le comprendre, et lorsqu'il eut fini ce soudard resta bouche béante à nous regarder bestialement, ainsi que ses compagnons.

Ils s'attendaient sans doute à nous voir

surpris d'entendre chanter un refrain français par un des leurs ; notre pensée était bien loin de s'arrêter aux stupides exclamations de ces Germains ; nous restâmes donc impassibles et comme étrangers à ce qui se passait autour de nous.

Par moments le train allait si peu vite qu'un homme aurait pu le suivre au pas ; nous devions traverser sans doute des ponts nouvellement rétablis à la hâte : cependant nous atteignîmes bientôt une station où il s'arrêta; je crois que ce devait être la dernière station d'Alsace, c'est-à-dire de France !

Nous ne pûmes le savoir, il devait être tard, et tout était bien fermé ; pourtant quelques paroles prononcées au loin en français nous arrivèrent distinctement.

Nous ne fûmes pas longtemps à cette station, probablement le temps nécessaire à la machine de faire de l'eau, et nous repartîmes.

A partir de ce moment, chacun de nous, brisé par la fatigue, s'arrangea de façon à pouvoir prendre un peu de repos.

Le lendemain, au petit jour, les Bavarois ouvrirent les vasistas des wagons : nous étions dans le pays où l'on rêve de pendules ; et, comme notre exibition devenait nécessaire, il fallait que tous pussent bien nous voir, nous insulter et nous menacer à leur aise.

Notre départ avait donné lieu à des larmes de désespoir de la part de nos chers compatriotes ; notre arrivée chez les Peaux-Rouges d'outre-Rhin donna lieu à des démonstrations grotesques à rendre envieux les anthropophages des régions inexplorées de l'Afrique mystérieuse.

Un tel contraste nous frappa péniblement et nous fit mal augurer du sort qu nous était réservé.

Néanmoins, nous étions loin de supposer qu'un peuple européen fût capable de faits barbares tels que ceux qu'on lira au cours de ce récit.

La première station allemande où nous nous arrêtâmes fut Karlsruhe.

Avant d'entrer en ville, nous traversâmes le Rhin ; il était environ sept heures, une foule d'ouvriers se rendant aux manufactures situées dans quelque faubourg de de la ville suivaient le train, qui longeait la route sur un parcours assez long.

RÉCEPTION BADOISE

IV

La foule grossissait à mesure que nous approchions de la gare ; c'était un vrai ramassis de brutes ; ils ne criaient pas, ils hurlaient, ils nous menacaient du poing; et ceux qui avaient des parapluies ou des bâtons faisaient le simulacre de nous mettre en joue.

Leurs clameurs, auxquelles répondaient les hurrahs des Bavarois, nous arrivaient comme des cris rauques qui n'avaient rien d'humain.

Les femmes surtout, dont la plupart avaient leur mari occupé à la curée de la France, avaient des gestes dégoûtants et d'une signification sinistre ; quelques-unes se livraient à des gambades frénétiques : c'étaient de vraies furies.

Lorsque le train s'arrêta, cette foule se rua sur les palissades de la gare en criant: *Franzosen caput* (mort aux Français) ! Et il est probable que nous eussions été mis en pièces par ces forcenés, s'ils avaient pu parvenir jusqu'à nous.

Et cependant nous étions dans le grand duché de Bade, que beaucoup de nos compatriotes s'obstinent encore à considérer, ainsi que les autres provinces allemandes avoisinant la France, comme étant ami du notre nation ; erreur bien grande qui pourrait nous être funeste plus tard et qu'il faut faire disparaître d'urgence.

Pour nous, qui avons vu de quelle manière ces mangeurs de choucroute nous témoignaient leurs sympathies, nous sommes fixés pour toujours, et nous saurons leur rendre la pareille, le jour où la *Marseillaise*, planant sur nos jeunes bataillons, couvrira de ses accents vengeurs leur hymne à eux : la *Wacht am Rhein* (la garde aux bords du Rhin).

Pendant le stationnement, qui dura près d'une demi-heure, nous restâmes en butte aux insultes et aux menaces de cette foule de forcenés, que les soldats bavarois maintenaient avec beaucoup d'égards, ce qui voulait dire que c'était à regret qu'ils empêchaient ces loups furieux de mettre leurs menaces à exécution.

Tout à coup, nous vîmes surgir une douzaine d'employés portant des fourches et des râteaux ; ils venaient, sur la demande de nos conducteurs, enlever les immondices dans lesquelles nous étions entassés ; ils firent ce demi-nettoyage sans nous faire descendre, nous donnant de grands coups de fourches et de râteaux dans les jambes, ce qui les faisait beaucoup rire, ces brutes ; entre temps, ils nous tournaient en dérision, disant que l'on faisait la litière à ces c... de Français, à la grande jubilation de leurs compatriotes, qui les excitaient à frapper.

Cette humiliante opération terminée, les Bavarois, après s'être restaurés, remontèrent vers nous, et le train reprit sa marche.

Bientôt nous arrivâmes à Rastadt. Là, on nous fit descendre ; nous sortîmes de la gare qui est située entre deux bastions et, à l'entrée d'une grande avenue bordée d'arbres et qui conduit de la gare à la ville, nous aperçûmes un détachement de soldats badois vêtus de vestes grises et coiffés de toques noires ; ces soldats avaient tous le sabre à la main et nous attendaient.

Les Bavarois firent la remise de nos personnes à ces derniers, opération qui menaçait de n'en plus finir, car ils nous comptèrent et recomptèrent au moins vingt fois : ils nous criaient en allemand de nous placer sur trois rangs, ce que nous ne comprenions pas ; ils nous le firent entendre à grands coups de plat de sabre, et lorsqu'ils eurent constaté que le nombre était exact, ils nous firent prendre le chemin de la ville, où nous entrâmes bientôt, après en avoir franchi le pont-levis.

Là, la foule commença à nous faire escorte et sut se rendre digne en tous points des énergumènes de Karlsruhe.

Nous fûmes alors promenés dans tous les principaux quartiers de la ville, et lorsque nous passâmes devant un vaste bâtiment, servant d'hôpital, et que la bande de loups qui nous suivait vit paraître aux fenêtres des blessés allemands, elle fit une véritable ovation à ces derniers et ne trouva rien de mieux que de lancer sur nous tout ce qui lui tomba sous la main : immondices de toute nature, débris de poterie, etc.; tout cela pleuvait sur nous, à la grande jubilation de ceux qui étaient aux fenêtres et qui poussaient des hurrahs féroces.

Nous marchions, impassibles, sentant gronder en nous un ferment de haine et une soif de vengence que peuvent seuls inspirer de semblables affronts.

Enfin, heureusement pour nous, nous arrivâmes à une grande caserne, dans la cour de laquelle on nous enferma.

C'est là que nous fut faite la première

distribution de vivres depuis le matin de notre départ de Lunéville, c'est-à dire environ trente-six heures après ; et quels vivres !

On donna à chacun de nous un pain noir et moisi ; nous eûmes aussi une petite gamelle en ferblanc, sans couvercle, dans laquelle nous allâmes à tour de rôle chercher une ration d'orge cuite à l'eau et mélangée d'avoine.

Aux premières cuillerées que nous essayâmes de manger, nous nous regardâmes avec stupeur : il nous semblait manger du caoutchouc ; et beaucoup laissèrent cet affreux mélange, préférant manger leur pain moisi.

Nous devions bientôt ne plus nous étonner de rien, car ce que nous avions vu et supporté jusqu'alors n'était rien à comparer à ce qui nous attendait sur les bords de l'Oder.

Et, lorsque l'on pense de quelle façon leurs soldats étaient traités dans la patrie des héros de Reichshoffen et non des vaincus, on se sent frappé d'admiration pour cette noble France qui, mutilée et râlant sous le talon de l'envahisseur, ne se départit pas un seul instant vis-à-vis de ses sauvages ennemis, et malgré son infortune, des sentiments d'humanité et de générosité qui font de notre patrie la première nation du monde civilisé !

Ces sentiments, il faudra que tu les oublies un jour, car tu as, ô France, bien du sang à laver, bien des affronts à effacer et combien, hélas ! de martyrs à venger!

La caserne où nous étions relégués provisoirement était occupée par le dépôt d'un régiment de cavalerie ; les magasins d'armes et d'habillement étaient en grande activité : des recrues nouvellement venues faisaient l'exercice dans la cour.

Nous avions été entassés sous un vaste hangar, où il y avait un peu de paille, et nous nous y trouvâmes assez bien, car la brutalité dont les soldats badois usaient vis-à-vis de nous n'était rien en comparaison des vexations et des menaces bien souvent suivies d'effet que nous avions à supporter lorsque nous nous trouvions en contact avec l'élément civil.

Le lendemain de notre arrivée, un officier nous assembla dans la cour et il ordonna, toujours avec menaces, à ceux qui étaient tailleurs et cordonniers, de sortir des rangs ; il s'en présenta cinq ou six, je crois.

Ces derniers ignorant ce dont il s'agissait et espérant une amélioration à leur sort, furent alors emmenés.

Le surlendemain ils revinrent parmi nous et nous firent le récit de ce qu'on avait exigé d'eux.

Ils avaient été conduits aux ateliers de la caserne, et là on avait ordonné aux uns et aux autres de confectionner des pantalons et des bottes pour les soldats badois !...

En agissant ainsi, ces peu scrupuleux Teutons obéissaient à un odieux calcul :

Faire assurer le travail dans leurs ateliers régimentaires par des prisonniers français qu'ils auraient pu alors substituer à leurs soldats ouvriers, ce qui leur aurait permis de grossir leurs effectifs de guerre avec ces derniers !

Quoi, faire travailler des malheureux contre leur Patrie? Cela est odieux et digne de semblables ennemis.

Pour les préparer à ces divers genres de travaux, on avait placé nos camarades avec les soldats de la Compagnie hors-rangs; lorsqu'ils eurent compris ce dont il s'agissait, ils s'entendirent entre eux; les tailleurs abîmèrent complètement le drap qui leur était confié, et les cordonniers firent de même du cuir; afin d'éviter les brutalités, ils affectèrent bien fort d'en être fâchés, ce que voyant, les Badois ne les maltraitèrent pas; croyant qu'ils ne savaient pas travailler, ils les renvoyèrent rejoindre leurs camarades.

Le jour où ils revinrent vers nous, nous fûmes, d'après des ordres survenus, séparés en quatre détachements d'environ deux cents hommes chacun; et ces divers détachements furent dirigés séparément sur les forts qui défendent la ville.

Celui dont je faisais partie fut désigné

pour occuper les casemates de la lunette n° 43, située à proximité du cimetière de Rastadt et du chemin de fer.

En arrivant dans ces casemates, nous y trouvâmes des camarades ; il y avait là des zouaves et des turcos, glorieux débris de Wissembourg et de Frœschwiller; nous y vîmes aussi ce qui restait de l'héroïque poignée de braves tombés avec Strasbourg ; il y avait de tous les régiments, jusqu'à des gendarmes et des douaniers.

Parmi ces derniers, il s'en trouvait quelques-uns qui étaient prisonniers avec leurs pères ; ceux-ci n'ayant pas encore atteint l'âge de la mise à la retraite avant que leurs fils n'entrassent comme eux dans le service de la douane, avaient été, malgré leur âge avancé et leurs cheveux blancs, ramassés comme l'armée régulière, dans différentes places assiégées.

Ils nous demandèrent avec empressement des nouvelles de la France, espérant entendre le récit de quelque victoire ; ils avaient la conviction qu'un jour un corps d'armée français viendrait les délivrer.

Ils avaient une telle confiance en cela, que chaque jour ils écoutaient silencieusement s'ils ne percevaient pas au loin le bruit du canon libérateur.

Puis, après que nous leur eûmes appris que notre Patrie subissait revers sur revers malgré son héroïsme, nous vîmes ces vieux Alsaciens, comme s'ils eussent prévu le sombre dénouement de l'avenir, incliner leurs têtes blanches et pleurer !

Ils nous firent le récit du genre d'existence qu'ils menaient dans ces souterrains sombres et humides ; quelquefois des soldats du génie badois venaient et en emmenaient des détachements pour être employés à différents travaux, soit dans les fortifications soit dans l'intérieur de la ville, où ils avaient à supporter toutes sortes d'humiliations ; c'était là le prélude de l'existence affreuse qui nous attendait ailleurs et l'éternelle répétition de ce que nous avions déjà subi.

Nous restâmes là quinze jours, et le premier dimanche que nous y passâmes, nous fûmes témoins de scènes d'une tristesse navrante.

Dans la matinée de ce dimanche, les gendarmes et les douaniers qui étaient avec nous paraissaient inquiets et préoccupés ; beaucoup d'entre eux parlaient l'allemand, étant Alsaciens ; deux jours avant ils avaient reçu des lettres de leurs familles leur annonçant la visite de parents et d'amis.

Ils avaient alors demandé la permission de monter sur les glacis, tant il leur tardait de voir arriver ceux qu'ils attendaient.

L'officier commandant le fort avait, après beaucoup d'hésitation, fini par céder à leurs prières ; quant à nous, qui n'avions rien à faire de ce côté et qui n'avions aucune permission, nous étions les uns dans les casemates, les autres dans la cour du fort.

Tout à coup des cris mêlés de sanglots frappèrent nos oreilles ; ces cris venaient du dehors et semblaient répondre à des appels partant des glacis.

En entendant ces clameurs de désespoir, quoique nous n'y fussions pas autorisés, nous grimpâmes sur le talus et voici ce que nous vîmes :

De malheureuses femmes éplorées étaient de l'autre côté des fossés du fort, tenant dans leurs bras leurs pauvres bébés tendant leurs petites mains suppliantes et blessées par le froid de la nuit, vers leurs pères qu'ils apercevaient vaguement, leur faisant signe et les appelant du haut des glacis.

Ces pauvres femmes ne purent faire parvenir à leurs maris, à leurs pères et à leurs frères, ce qu'elles leur avaient apporté grâce à beaucoup de privations ; elles restèrent là, assises sur les bords des fossés, jusqu'à ce que les Badois vinssent faire rentrer brutalement ceux pour qui elles avaient marché toute une nuit, portant dans leurs bras leurs enfants endormis.

Puis, les soldats vinrent les chasser à leur tour, en les accablant d'injures et de menaces ; alors elles s'en retournèrent tristement, avec une douleur et un ressentiment de plus dans le cœur.

Oh ! courageuses et vaillantes femmes de notre chère Alsace, combien vous devez les maudire et les détester, ces monstres qui tout en vous abreuvant d'affronts, privaient ainsi vos enfants du baiser de leurs malheureux pères !

Moi, qui ai vu votre résignation stoïque devant la barbarie de ces êtres inhumains, je vous crie courage et espoir ! Oui, persévérez, maudissez et détestez ces Germains; infusez dans le sang de vos enfants la haine de l'Allemand ; cela, vous le ferez au nom de ces martyrs qui dorment sur la terre de l'exil, au souvenir de la Patrie absente, qui ne vous oublie pas et qui compte et comptera toujours sur votre patriotisme!

VOYAGE POUR LE BAGNE

V

Le 26 octobre au matin, on fit un triage parmi nous; tous ceux de l'armée active furent rassemblés : zouaves, turcos, infanterie de ligne, etc., tous ces gens-là inspiraient de l'inquiétude aux Badois ; ils redoutaient les évasions, que la proximité de la frontière auraient facilitées; on laissa dans les forts les gardes-mobiles, gendarmes et douaniers, et nous fûmes conduits à la gare afin d'être embarqués pour une destination inconnue de nous.

Notre départ de Rastadt eut lieu dans l'après-midi. Je ne relaterai seulement que les incidents bien marquants qui surgirent pendant ce voyage; car la réception de

Karlsruhe fut suivie à la lettre, dans toutes les stations où le train s'arrêta, et les démonstrations hostiles s'accentuaient au fur et à mesure que nous avancions dans l'intérieur de l'Allemagne.

Il serait très difficile de préciser l'itinéraire que l'on nous fit suivre ; l'opinion de tous était que nous étions promenés et exhibés dans toute l'Allemagne, car, partis le 26 octobre de Rastadt, nous n'arrivâmes à Stettin que le 28, à dix heures du soir, n'ayant eu que trois arrêts pour manger : le premier à Cassel, le deuxième à Nordhausen et le dernier à Berlin.

Le train qui nous emmenait était composé de wagons à bestiaux pour nous, et de wagons servant aux voyageurs pour les soldats qui nous accompagnaient.

Nous eûmes donc de ce côté beaucoup plus d'avantage que ceux de nos camarades qui, faits prisonniers à Bapaume et au Mans, effectuèrent leur voyage, de France en Poméranie et en Silésie, dans des *wagons découverts* : cela démontre suffisamment, je crois, la cruauté de nos ennemis.

Lorsque nous approchâmes de Cassel, les soldats qui nous accompagnaient furent tout à coup pris d'une joie bestiale ; ils nous hélaient de leurs wagons et s'efforçaient de nous faire comprendre que nous arrivions près d'un endroit qu'ils nous désignaient avec des gestes désordonnés, au loin, sur la gauche du chemin de fer ; enfin soudain ils se mirent à crier avec force : Napoléon ! Napoléon !

Nous comprenions, cette fois ! Alors nous regardâmes l'endroit désigné et nous vîmes se découper, au fond d'une vallée encaissée entre deux coteaux et à travers les arbres d'un parc immense qui ressemblait à une forêt, la silhouette du château de Wilhelmshœhe.

L'homme de Décembre et de Sedan était là ! Il était là attendant sans doute l'arrivée de son imitateur de Metz !

Il avait, lui, l'auteur des malheurs de la Patrie, lui qui avait préféré l'existence de la honte à une mort qui, sans effacer ses crimes, eût rendu son nom moins odieux aux générations présentes et futures ; lui qui, commandant une armée dont les Bavarois de Bazeilles se souviennent avec terreur, n'avait rien trouvé de mieux, jouisseur couronné, lâche et non repu, que de vendre sans honte l'armée de la France ; il avait, cet égorgeur de Républiques, un palais pour lieu de captivité, des bois pour chasser, et toute une meute de casques à pointes, laquais dignes de servir un tel maître !

Et nous passions, nous, à deux pas de ce palais où se vautrait le lâche auteur de nos malheurs et de la mutilation de notre patrie ; nous passions, escortés et conduits d'une façon à ne rien laisser envier de notre sort aux plus abjects des forçats !

Oh ! que de fois, dans le cours de notre dure captivité, nous l'avons maudit cet organisateur de guet-apens nocturnes ; que de fois dans nos malédictions nous avons mêlé son nom à celui de son digne émule Bazaine !

Ah ! toi, triple traître, quelque peine que tu prennes à te justifier, tu n'y réussiras jamais, sois-en sûr, ignoble renégat du devoir et de l'honneur; car tu as sur la tête les malédictions de cinquante mille malheureux morts de privations, de désespoir et de faim! Et cette tête, où est gravé le stigmate de la honte et que tes épaules ne devraient plus porter, devra se courber toujours sous l'anathème de la Patrie et de ses martyrs!

Arrivés en gare de Cassel, on nous fit descendre et nous fûmes conduits sous un vaste hangar servant de réfectoire aux troupes allemandes de passage, et qui fut utilisé de même pour les prisonniers français. Nous eûmes chacun un peu de riz cuit à l'eau, à peu près le quart de notre petite gamelle, que nous mangeâmes parce que nous avions trop grand'faim.

Quelques Alsaciens, qui se trouvaient parmi nous, lièrent conversation avec les employés de la gare; ces derniers leur apprirent que, quelques jours auparavant, *le capitulard en chef* était venu en gare de Cassel avec sa suite, et qu'il s'était permis de faire une distribution d'argent aux prisonniers de passage! Mal lui en avait pris, car, disaient-ils, il avait dû remporter ses thalers, et, en plus de cela, les huées, et une bonne provision de malédictions que ne lui avaient pas ménagées ceux qu'il était venu insulter de la sorte !

Depuis, ni lui ni ses gens n'avaient reparu à la gare, où le cri de « Enlevez ce lâche ! » avait bien justement remplacé celui de « Vive l'Empereur ! » cri que lui prodiguaient à Paris cette nuée de gens peu scrupuleux émargeant alors au budget de la préfecture de police.

Ce confrère de Cartouche ne savait pas seulement que les Français ont du cœur !

Lorsque nous eûmes terminé de manger la ration dégoûtante sur laquelle les chiens de France auraient levé la patte, nous reprîmes nos places dans les wagons et le train repartit.

A notre second arrêt, qui eut lieu à Nordhausen, beaucoup d'entre nous n'étaient pas descendus endormis, qu'ils étaient (il était environ dix heures du soir). Je me trouvais de ceux-là, et je dormais profondément, dans un coin du wagon où j'étais parvenu à me blottir, lorsqu'une sensation douloureuse ajoutée au froid de la nuit me réveilla brusquement.

Je venais d'être jeté violemment sur le trottoir de la gare, ainsi que l'on jetterait un ballot.

Des soldats ayant passé l'inspection des wagons après que nos camarades furent descendus, afin de s'assurer qu'aucun de nous n'y était resté, et nous ayant trouvés là plusieurs brisés de fatigue et sommeillants, n'avaient rien imaginé de mieux que de nous tirer brutalement par les jambes et nous jeter à terre; brusquement réveillés par la douleur, nous nous relevâmes meurtris et complètement ahuris.

Comme la nuit était profonde et que nous ne savions pas où étaient passés nos camarades, ces soudards nous conduisirent près de ces derniers en nous maltraitant, selon leur habitude.

Ce fut dans un réfectoire identique à celui de Cassel que nous mangeâmes pour la seconde fois ; nous crûmes que ce qui était resté de notre écœurant repas de la première halte avait été chargé dans le même train que nous, afin de nous être distribué partout où nous devions manger, car c'était tout aussi mauvais, sinon plus infect.

Lorsque nous quittâmes Nordhausen, nous commencions à croire que ce voyage ne finirait jamais.

Où nous conduisait-on, dans quel coin de l'Allemagne allait-on nous reléguer ? C'est ce que tous se demandaient.

Nous ne savions pas que dans quelques heures allait avoir lieu la grande exhibition ; nous approchions de Berlin, capitale du Vandalisme et de la Barbarie.

Nous y arrivâmes vers huit heures du matin, le 28 octobre, et quelques instants avant d'atteindre cette ville, il nous sembla entendre de sourdes détonations dont nous ignorions la provenance ; mais nous fûmes vite renseignés, trop vite, hélas ! car, le train s'étant arrêté nous reconnûmes le bruit du canon.

En quel honneur tout ce vacarme partant à la fois de tous les coins de cette ville? Nous en étions à nous poser cette question, lorsque soudain des hurlements féroces retentirent autour de nous.

Le train s'engageait alors dans un des faubourgs de Berlin ; et dans cette immense clameur partant d'une foule arrivée au paroxysme du délire, nous distinguions des mots auxquels nous nous refusions de croire : *Metz caput ! Frankreich caput!* Hélas, par ces cris qui nous arrachaient le cœur et l'espérance tout à la fois, nos ennemis nous instruisaient du nouveau malheur qui frappait la Patrie !

Metz ! Metz la Française ! Metz vierge jusqu'alors de la souillure de l'étranger venait d'être livrée à son tour ! Et toute cette vaillante armée du Rhin, capable de tous les héroïsmes en d'autres mains que celles d'un lâche, allait subir notre malheureux sort !

Oh ! je ne veux plus parler de toi, traître, car mes doigts se crisperaient sur ma plume ; je ne salirai pas de ton nom exécré cette dernière, qui doit écrire ici les souffrances de tes victimes ! Sois donc à jamais maudit ! comme le disaient dans leur malédiction ceux qui se sont endormis sur la terre de souffrance, avec les crispations de la douleur et du désespoir sur la face, et le nom de la France sur les lèvres !

Les principales rues de Berlin sont sillonnées de rails servant à relier les gares entre elles ; le train dans lequel nous étions prit donc la direction de ces rues, et la grande représentation commença.

Il faudrait une autre plume que la mienne pour bien décrire ce qui se passa, car au souvenir de tout cela je sens malgré moi le sang-froid m'abandonner.

Comme le train allait très doucement, sans doute afin de faire durer le plaisir plus longtemps, nous traînions à notre suite tout ce que Berlin possédait en canailles, racailles et valetailles de toutes espèces et de tout acabit, et ce n'est pas peu peu dire, malgré le grand nombre qu'il s'en était abattu sur la France comme sur une proie ; à droite, à gauche, devant et derrière nous, les buveurs et les buveuses de schnaps nous faisaient escorte en hurlant ; les gamins, vautours en herbe, se cramponnaient aux wagons en nous demandant des boutons d'uniforme ; et, voyant que nous ne leur en donnions pas, ils se mirent à nous cribler de tout ce qui leur tomba sous la main.

Aux fenêtres des maisons qui bordaient ces rues, des figures bouffies de sacs à bière, des femmes qui avaient sans doute la prétention de passer pour des dames et qui n'étaient que d'affreuses mégères recouvertes de tignasses rouges, nous insultaient et nous menaçaient à l'envi ; devant certaines maisons, des mannequins, recouverts d'habits militaires français, provoquaient dans cette foule des explosions d'hilarité ironique.

Soudain éclata une immense clameur ; les femmes se reculèrent avec effroi, les hommes s'arrêtèrent bouche béante, et les gamins roulèrent pêle-mêle dans les ruisseaux, ne sachant où se fourrer.

Des turcos et des zouaves, faisant apparition aux vasistas des wagons et montrant les dents à ces loups, avaient causé tout cela !

Qu'est-ce que ce sera, lorsque les mêmes turcos, zouaves et soldats de toutes armes feront leur entrée chez vous, munis de la redoutable fourchette, envous demandant compte de vos insultes et des affronts subis, ô insolents trembleurs !

La vue de ces braves fit alors faire diversion à la foule, qui n'insulta presque plus, regardant de loin et avec crainte ceux qui, un contre dix des leurs, à Wissembourg, s'étaient rués, farouches et formidables, sur leurs fameux krupps, impuissants à arrêter ces lions!

Lorsque nous eûmes été assez promenés et suffisamment insultés, pour le moment du moins, le train se dirigea vers une gare où nous descendîmes ; on nous fit entrer dans un vaste bâtiment, et là nous mangeâmes encore du riz plus mauvais qu'ailleurs, car il devait être cuit dans l'eau de vaisselle.

Pendant le temps que nous passâmes à prendre ce repas nauséabond, la foule avait envahi la gare et nous regardait par les ouvertures du local où nous étions.

Menaces, insultes, provocations, tout cela pleuvait sur nous; et lorsque nous sortîmes pour remonter en wagon, la fureur de ces êtres féroces tournait au délire ; ils furent alors refoulés, doucement et avec beaucoup d'égards, par la troupe qui nous escortait ; une centaine de privilégiés seulement resta sur le quai d'embarquement. Quant à nous, nous n'avions pour ainsi dire plus conscience de ce qui se passait ; et tous nous étions comme sous l'impression d'un rêve affreux, tant nous avions de peine à croire qu'il existât des êtres dits civilisés capables de pareils excès vis-à-vis d'hommes désarmés et dignes, par leurs malheurs, du respect de tous.

On trouvera peut-être étrange qu'une foule en fureur cède si complaisamment devant quelques soldats; il n'y a cependant pas lieu de s'en étonner, car les soldats allemands,victorieux et invincibles aux yeux de leurs compatriotes, étaient considérés comme des héros et des dieux même; tous avaient la conviction qu'un seul des leurs en valait quatre de nous ; le soldat français était un hochet pour un de ces guerriers ; de là l'obéissance avec laquelle cette multitude en furie cédait à leur moindre injonction.

Avant de remonter dans le train, nous étions sur les rangs, attendant qu'il nous fût ordonné de reprendre nos places dans les wagons ; parmi les heureux ayant obtenu la permission de rester sur le quai pour nous voir à leur aise, il y en eut quelques-uns qui s'approchèrent de nous et sans façon se mirent en devoir de nous arracher nos boutons d'uniforme ; un, entre autres vint doucement derrière moi et s'empara des deux boutons servant à relever les coins de ma capote ; je me retournai et le vis armé d'un couteau avec lequel il venait d'opérer si lestement ; il me regardait d'un air stupide et me disait en allemand le numéro de mon régiment, qui y était gravé, suivant la coutume de cette époque.

Plus tard, nous avons eu l'explication de cette manie qu'ils avaient de collectionner ces boutons ; c'était pour les coudre à leurs vestons ! A notre retour en France, nous en vîmes beaucoup qui n'en avaient pas d'autres à leurs vêtements ; il n'y a que dans ce pays que l'on voit de ces choses-là !

Enfin, il était environ une heure de l'après-midi, lorsque nous partîmes de Berlin, et à dix heures du soir nous arrivions à Stettin.

Le voyage de la honte et de l'outrage était terminé : le martyre allait sérieusement commencer.

Stettin ! Oh ! quand j'écris ce nom-là, j'en frissonne encore après quinze années ; je sens la colère bouillonner dans mes veines et m'étreindre à la gorge, car je vois passer devant mes yeux, en criant vengeance, les spectres pâles et sanglants de vos victimes, lâches Poméraniens ! Je les revois, ces malheureux tombant sous vos coups avec leurs figures hâves et amaigries ; je les revois, mourant sans se plaindre et fixant sur vous leurs prunelles éteintes, comme pour vous marquer au front du sceau des maudits !

Oh ! vous qui êtes là-bas, captifs à jamais, mes chers et infortunés camarades, soyez contents, je vais faire connaître vos bourreaux....

Nous étions enfin arrivés au terme de ce triste voyage, si pénible pour nous et où nous avions subi tant d'affronts et d'insultes ; et, comme il arrive presque toujours à ceux que le malheur a frappés, l'espérance vint alors nous bercer de ses illusions ; nous pensions que, comme à Rastadt, nous serions enfermés dans quelque forteresse, et que là, du moins, malgré la perspective d'une aussi misérable existence, nous n'aurions à supporter que la brutalité des soldats préposés à notre garde.

Oh ! cela nous l'eussions supporté calmes en apparence, avec l'espoir d'une revanche formidable où ces lâches n'auraient trouvé ni pitié ni merci de notre part ; et nous nous armions de courage et de résignation à cette idée, ne redoutant qu'une chose, être en butte aux outrages de ce peuple inhumain !

Hélas ! on verra dans la suite de ce récit combien nous nous trompions, car tout devait être entrepris contre nous, afin que le plus grand nombre ne revît jamais la France.

A notre sortie de la gare, nous fûmes tout surpris de ne pas être insultés ; il est vrai qu'il était dix heures du soir et qu'une pluie glacée, mêlée de gros flocons de neige, inondait les rues de Stettin : néanmoins, lorsque nous passâmes sur les quais du port, la nouvelle de l'arrivée d'un détachement de prisonniers s'était déjà répandue, et malgré le mauvais temps les habitants ne voulurent pas rester en arrière de leurs compatriotes de Berlin et d'ailleurs.

Ils nous firent cortège, et la sérénade commença.

Heureusement pour nous que ces Poméraniens si vantés ne sont que des poltrons, car les turcos, avec leurs mines farouches, nous rendirent là un signalé service ; ils mirent une distance respectueuse entre nous et la foule, dès que cette dernière se fut aperçue, à la lueur des becs de gaz, de la présence dans nos rangs de ces terribles noirs qui avaient été, au début de la campagne, la terreur de toute l'Allemagne.

Que l'on n'aille pas croire que j'exagère en employant le mot *terreur* ; car, comme nous l'apprîmes par la suite : la conviction des Allemands en général était que les turcos *mangeaient le monde* ; cette croyance leur avait sans doute été suggérée par leurs gouvernants, dans le but de les faire combattre avec plus d'ardeur, afin de ne pas servir de déjeuner à nos braves Arabes.

Hélas ! un mois après notre arrivée, les sauvages de l'Oder faisaient payer cher aux malheureux turcos la peur que ces derniers leur avait inspirée ; le plomb, disaient-ils, tue aussi bien les noirs que les blancs, et la valeur allemande a raison de tous ses ennemis.

LA

POMÉRANIE & SA CAPITALE

VI

Avant de continuer ce douloureux récit, je demande au lecteur la permission de faire une courte description de cette contrée inhospitalière, ainsi que de la ville de Stettin en particulier.

Mes connaissances sur la géographie de ce pays étant très restreintes, et mes souvenirs sur la localité où nous avons passé de si tristes jours étant un peu (confus), cela se conçoit, je suis heureux d'avoir sous la main, pour remédier à cela, un ouvrage (1) qu'il serait à souhaiter de voir en

---

(1) *L'Allemagne illustrée*, par V.-A. Malte-Brun (fascicules 15 et 16).

la possession de tous, et qui fait le plus grand honneur au patriotisme de son auteur.

La province de Poméranie (en allemand *Pommern*) est comprise entre 10°3 et 15°46 de longitude orientale, et entre 52°58 et 54°50 de latitude septentrionale.

Elle a pour limites : au nord, la mer Baltique, à l'est et au sud la province de Prusse Occidentale ; au sud-ouest, la province de Brandebourg ; à l'ouest, les grands-duchés de Mecklembourg-Strelitz et de Mecklembourg-Schwerin.

La mer Baltique, qui arrose les côtes de la Poméranie sur une longueur de 400 kilomètres, est peu profonde, moins que ne le sont les lacs de la Suisse.

A l'est, cette profondeur est tellement minime, que les grands vaisseaux ne peuvent aborder aux ports de la Poméranie orientale et sont obligés de jeter l'ancre à plus d'un kilomètre de la côte.

Les eaux de cette mer sont très peu salées ; ce qui explique pourquoi elle gèle si facilement. Dès le milieu de décembre, de larges bandes de glace s'attachent aux côtes et recouvrent les golfes et les baies ; de sorte que la navigation se trouve arrêtée pendant des mois entiers.

Quelquefois même la mer est entièrement prise par les glaces ; l'on y établit alors des auberges, — refuges où les piétons, les cavaliers et les chariots trouvent un abri.

Pendant l'hiver de 1870-71, des routes furent tracées dans les neiges qui recouvraient les glaces de l'Oder; et les voitures y passèrent, de préférence aux autres chemins, pendant plus de trois mois.

Au printemps, et jusqu'au cœur de l'été même, la température reste basse à cause de la fonte de ces énormes blocs de glace.

Plus que toutes autres provinces allemandes, la Poméranie a des légendes plus absurdes les unes que les autres.

Les anciens chroniqueurs Poméraniens rapportent que, sur les côtes septentrionales d'Usedom, se trouvait une vaste cité, du nom de Wineta, située au pied du Streckelsberg.

Selon eux, cette ville était une des plus grandes et des plus populeuses de l'Europe lorsqu'elle fut envahie par la mer.

La légende attribue à cette ville disparue des richesses inouïes ; les ustensiles d'agriculture les plus ordinaires, dit-elle, y étaient fabriqués en bronze et en argent ; et, s'il faut l'en croire, on verrait encore aujourd'hui, lorsque la mer est calme, à une demi-lieue du rivage, les rues bien alignées et les palais de marbre de cette cité sous-marine.

Que cette légende soit vraie ou fausse, j'éprouverais assurément bien plus de plaisir à la citer, si elle parlait ainsi de la Poméranie tout entière, et des Poméraniens par dessus le marché!

Bien que située sur les bords de la mer, la Poméranie a un climat essentiellement continental, ce qui est dû surtout au voisinage de la Baltique, qui charrie des glaces jusqu'à une époque très avancée du printemps.

La température moyenne des trois mois d'été à Stettin est de 17° 45 ; elle n'est par conséquent guère inférieure à celle de Cologne, qui est de 17° 99 ; mais, tandis que la température du mois de janvier est à Cologne de + 1° 66 (différence 16°33), elle est à Stettin de — 1° 49 (différence 18°94).

La contrée qui s'étend de l'ouest à l'est entre les vallées de l'Oder et de la Vistule d'une part, et entre la Baltique et la dépression de la Netze et de la Warthe, au nord et au sud, d'autre part, forme un vaste rectangle large de 150 à 180 kilomètres, et de longueur double.

La partie centrale de cette région est traversée par un haut plateau lacustre qui occupe environ le tiers de la largeur du rectangle. Pris dans son ensemble, le sol de la Poméranie est médiocrement fertile.

Les territoires dont le rendement est le plus fort se trouvent à l'extrémité nord-ouest ; cependant, on trouve aussi au centre de la province quelques régions assez productives.

Tels sont les *waizacker* (champs de froment) de Pyritz, ainsi que les rives de l'Oder et les îles de Wollin et d'Usedom, quoique le sol de ces dernières soit envahi de plus en plus par les sables.

Ce sont les terrains sablonneux qui dominent (40 pour 100) ; les sols argileux n'entrent dans la composition du sol que pour 7 pour 100 ; il y a en outre beaucoup de terrains marécageux.

Sur les grèves de Kolberg, on a constaté la présence d'un sable rendant des sons musicaux ; lorsque ces sables, après avoir été arrosés par les eaux de la mer, se dessèchent subitement, sous l'influence de la chaleur solaire, jusqu'à une profondeur de 3 décimètres, ils acquièrent une grande résistance. Si l'on marche dessus, on entend des tintements sonores. Avec un peu d'habitude, on arrive à rendre ces sons si vifs qu'ils se font entendre au loin.

L'extraction de la tourbe se fait sur une grande échelle dans toute la province.

Comme culture, ce sont le seigle, l'orge et les pommes de terre qui dominent ; puis viennent ensuite le tabac, le houblon, le chanvre et le lin.

La Poméranie, à l'exception de la ville de Stettin est une contrée peu industrielle : à côté de quelques verreries et forges, elle ne possède guère que des distilleries d'eau-de-vie qui sont par contre très nombreuses, l'eau-de-vie et la bière étant les principales boissons de ses habitants.

Quant au commerce, il est concentré dans les villes de Stettin, Stralsund, Greifswald, Swinemünde, Wolgast et Kolbergermünde.

C'est la province de Prusse qui possède la plus grande flotte marchande.

Cette flotte est, en effet, composée de 825 voiliers, jaugeant 156,950 tonnes et montées par un équipage de 6,000 matelots ou mousses, et de 75 vapeurs, jaugeant 20,341 tonnes, dont l'équipage est composé de 894 matelots : soit en tout 900 navires jaugeant 177,291 tonnes et montés par 6,894 matelots ou mousses.

C'est depuis 1814 que tout ce qui portait autrefois le nom de Poméranie fait partie de la monarchie prussienne.

Cette province, dont la capitale est Stettin

comprend trois districts, qui sont ceux de Stettin, Kœslin et Stralsund.

Le district de Stettin occupe le centre de la province de Poméranie.

Ce district appartient à la région des plaines ; cependant quelques basses collines le traversent du sud-ouest au nord-ouest.

Sa population est de 737,780 habitants (64 par kilomètre carré).

Stettin (qui signifie en slave confluent), chef-lieu du district de ce nom, a une population de 91,756 habitants ; cette ville, située à 134 kilomètres de Berlin, était à son origine un château fort wende et un village de pêcheurs.

Plus tard, elle compta parmi les villes hanséatiques et servit de résidence aux ducs de Poméranie.

Elle fut cédée à la Suède en 1648 et ne devint prussienne qu'en 1720.

Frédéric-Guillaume 1er lui offrit à cette occasion une coupe avec cette inscription : « Vivent les bons Prussiens ! que le diable emporte ceux qui ne le sont pas ! » (Il me semble que le diable aurait bien dû commencer sa besogne, avant cette époque, par ceux appelés à le devenir.)

Elle fut prise en 1806 par les Français, qui l'occupèrent jusqu'en 1813 ; dans la plaine qui entoure Stettin, on remarque encore des vestiges d'ouvrages élevés par nos aïeux pour la défense de cette place.

La ville s'étage sur la rive gauche de l'Oder et sur les versants de deux collines, et se divise en Haut et Bas-Stettin.

Une partie des rues est en pente ; les maisons sont généralement à pignons. Au sud se trouve le faubourg d'Obervieck, et au nord celui d'Untervieck ; sur l'île formée par l'Oder et le Parnitz, s'étend le faubourg fortifié de Lastadie (Lastadium, entrepôt de marchandises). Souvent, les travaux auxquels nous étions astreints nous appelaient dans ce faubourg.

Le plus beau monument de Stettin était la Marienkirche, qui datait du moyen âge et qui dut être démolie, après avoir été détruite en partie par la foudre.

Elle était sise sur le point le plus élevé

de la ville et avait une tour de 108 mètres de hauteur.

Le château royal, l'ancienne résidence des ducs, est un mélange bizarre d'architectures les plus diverses.

A l'Hôtel-de-Ville, on conserve des exemplaires de toutes les monnaies russes, en souvenir de l'impératrice Catherine II, qui naquit à Stettin (2 mai 1729); le gouvernement les offre gracieusement à cette ville au fur et à mesure qu'elles sont frappées.

Le plus beau quartier de la ville est celui de la place Royale. Cette place est ornée d'une statue en marbre de Frédéric le Grand, par Sehadow, haute de 2 m. 50 et placée sur un piédestal de même élévation.

En 1813, le général français commandant la place fit couvrir cette statue par une voûte en pierre, afin de la protéger contre les bombes des Prussiens : ce qui n'a nullement servi d'exemple aux vandales de 1870, qui brûlaient et dévastaient tout, et qui auraient, s'ils l'avaient pu, consommé la ruine de Paris.

Parmi les monuments remarquables, figurent encore les portes de Berlin et d'Anklam, construites par le roi Frédéric-Guillaume.

Le port est le quartier le plus animé de la ville ; il ne peut recevoir que des bateaux d'un tirant de 4 m. 50 ; les navires d'un fort tonnage doivent s'arrêter à Swinemünde.

Néanmoins, c'est le premier port de la Prusse et le troisième de l'empire allemand (premier Hambourg, deuxième Brême), tant par le nombre des vaisseaux qui y abordent que par la quantité de marchandises transportées.

Stettin était autrefois une place forte ; en 1863, on porta une portion de son enceinte en avant, pour agrandir la ville ; cependant les anciens forts n'ont pas été détruits et servent aujourd'hui de casernes.

Ce qui a déterminé le déclassement de cette place, c'est qu'elle est défendue suffisamment par sa situation géographique. En effet, trois passes mettent en communication le haff de Stettin avec la mer: celles de la Peene à l'ouest, de la Dievenow à l'est, et de la Swine au centre.

Cette dernière est seule navigable pour les navires d'un certain tonnage ; les bateaux un peu considérables doivent, comme il a été dit plus haut, s'arrêter à Swinemünde, qui est le vrai port de Stettin, et qui est relié à la capitale de la Poméranie par un chemin de fer traversant l'île d'Usedom et de Peene ; un autre est en projet par l'île de Wollin.

La passe de la Swine possédait depuis longtemps des fortifications ; dernièrement on a consacré la somme de 5,400,000 fr. à transformer complètement les anciens ouvrages.

Il n'est pas étonnant que la Prusse ait consacré des sommes importantes pour la défense de Stettin du côté de la mer, car cette ville est non seulement une côte commerçante, mais c'est le port le plus rapproché de la capitale du royaume, la clef de Berlin du côté de la mer; et, en en 1870-71, la crainte de voir apparaître une flotte française dans ces parages se transformait chez les habitants en une véritable panique dont nous supportions les conséquences.

Enfin, c'est aux environs de Stettin, au village de Bredow, que se trouve le fameux établissement du vulcain qui construit les cuirassés pour la flotte allemande ; il occupe 1,500 ouvriers et possède 12 machines à vapeur et 7 forges.

Les habitants de la Poméranie en général sont fanatiques et superstitieux à l'excès ; ils pratiquent et ont conservé les traditions des siècles passés avec une ténacité tellement scrupuleuse qu'on les dirait hostiles à toutes idées de progrès et de science.

Presque toutes les villes et villages de cette contrée ont des coutumes et des mœurs à part et excessivement bizarres.

Les péninsulaires de Mœngchut du district de Strahlsund, se distinguent même des autres habitants par leur langue et leurs costumes.

Les hommes portent deux et même trois

pantalons l'un sur l'autre, le dernier est en toile blanche.

Leurs bas sont de couleur sombre, leur jaquette noire est ornée de gros boutons en corne de cerf, le chapeau est rond et à large bord.

Les femmes portent un corsage de toile de lin sans manches, et au-dessus une chemise courte à manches. La robe est noire et a de nombreux plis, les bas sont bleus ou rouges: les dimanches et fêtes elles portent un corsage en soie rouge avec des broderies d'or et d'argent ; ce costume est complété par deux foulards, un bigarré et un blanc, qui entourent la taille, et une haute coiffure. Cette dernière vient se placer sur une coiffe de lin blanc ouaté, dont on n'aperçoit qu'une étroite bande.

Un proverbe du pays dit : « Deux aunes de serge et une livre de laine font un bon bonnet de marraine»: on peut juger d'après cela combien ce genre de coiffure doit être lourd, sans compter que, par dessus le tout, vient encore d'habitude se placer un chapeau de paille.

Deux longs rubans descendent le long du dos chez la femme mariée ; ces rubans enveloppent la coiffe.

En signe de grand deuil, elles portent sur leur coiffe un foulard blanc qu'elles attachent derrière le dos et dont les extrémités sont bordées en soie noire.

Aussitôt qu'une jeune fille a ce qu'elle appelle un *héritage*, c'est-à-dire une dot quelconque, elle a le droit de se choisir un mari.

Dans ce but, elle suspend son tablier devant sa fenêtre; les jeunes gars des environs savent ce que cela veut dire : aussi passent-ils les uns après les autres devant les fenêtres de la jeune fille ; celle-ci est aux aguets derrière la porte, et aussitôt qu'elle voit passer celui qu'elle a choisi, elle s'élance dehors et le ramène à la maison.

Mais si le préféré ne vient pas à passer, alors la jeune fille rentre en pleurant, sa mère la suit et lui fait un sermon à sa manière.

« Allons, la belle, tu as bientôt vingt

ans. Ma fille, il est temps. Pierre ne viendra pas. Ma fille, suspends encore ton tablier devant la maison, c'est ta mère qui le veut. Les noces avec les danses t'attendent, il faut qu'avant un an tu sois mariée. Ta mère le veut. »

On voit que, par ce procédé les garçons n'ont pas à se tromper de maison ni de porte ; les filles les harponnent au passage, ce qui est bien plus simple et plus expéditif. Quant à la morale, on s'en moque un peu.

Mais j'ai assez parlé des Poméraniens en tant que mœurs et fanatisme ; je reprends, avec la permission du lecteur, la suite de mon récit par lequel il apprendra à les connaître tout à fait.

NOS SOUFFRANCES LA-BAS

VII

La campagne qui environne Stettin n'est qu'une vaste plaine ; çà et là des fôrêts de sapins ; et, aussi loin que la vue peut s'étendre, sauf du côté qui regarde l'embouchure de l'Oder, c'est-à-dire dans la direction de Swinemünde, l'horizon est borné par la masse profonde et sombre de ces forêts : on dirait un immense rideau noir qui se déroule au loin autour de cette ville maudite.

L'hiver surtout, rien ne saurait dépeindre la tristesse et l'aspect de désolation de cette contrée, où souffle en de continuelles tempêtes l'âpre bise des mers de glaces.

Ce fut vers cette plaine que nous fûmes dirigés après avoir traversé une partie de la ville et franchi le pont-levis de la Berliner-Thor (porte de Berlin).

Nous passions alors à côté d'une masse sombre et qui ressemblait à un immense amas de terre et de pierres : c'était le fort Wilhelm, aujourd'hui déclassé, et servent d'hôpital militaire et d'amphithéâtre.

Où les Allemands nous conduisaient-ils par ce temps affreux et cette nuit sombre ? Nous marchions dans un terrain marécageux coupé de fossés remplis d'eau ; et avec cela, impossible d'y voir à deux pas devant soi ; les uns glissaient, trébuchaient et tombaient dans la boue, les autres s'enfonçaient jusqu'aux genoux dans des trous pleins de vase : les soldats qui nous conduisaient, et qui connaissaient l'endroit, évitaient prudemment ces ornières, relevant à grands coups de crosse ceux qui tombaient, en poussant des jurons ironiques et des ricanements farouches. Une pluie glaciale nous cinglait la figure et nous perçait jusqu'aux os ; et, dans l'obscurité profonde, nous avancions péniblement et pour ainsi dire à tâtons, craignant à chaque pas de nous enfoncer dans la vase.

Enfin, après une demi-heure de marche, nous arrivâmes à l'endroit désigné pour notre lieu de souffrance ; car nous nous trouvâmes tout à coup dans un espèce de camp ou pour mieux dire de bourbier dont je vais faire ici la fidèle description.

Au milieu du cloaque où nous étions, que l'on se figure une centaine de trous ayant environ trente mètres de long sur dix de large, avec un mètre de profondeur; ces trous avaient une couverture faite de paille de marais tressée entre des branches de sapin fichées en terre de chaque côté et venant se joindre au milieu, en forme de toit, à environ deux mètres cinquante centimètres au-dessus du sol. Cette couverture était tellement mince et peu serrée que, pendant les nuits claires, on apercevait les étoiles au travers.

Dans ces grands fossés creusés dans la vase et par des temps pluvieux, il était resté des flaques d'eau sur lesquelles on avait jeté un peu de paille, et il suffisait de poser le pied dessus pour que cette paille s'enfonçât sous les pas et que l'eau parût à sa place ; ces affreuses cahutes, véritables terriers humains où couvaient les fièvres, la variole et le typhus qui devaient nous décimer plus tard, n'avaient qu'une seule issue se fermant par une porte sans gonds faite de la même manière que la toiture en paille tressée, et à laquelle il fallait donner du pied pour la faire tenir, lorsqu'à reculons on entrait dans le trou.

Lorsque nous fûmes arrivés près de ces niches infectes, nous fûmes désignés soixante pour prendre possession d'une, et chacune en reçut à peu près un nombre égal ; nous nous y entassâmes de notre mieux, et brisés de fatigue, mouillés jusqu'aux os et grelottant de froid, nous passâmes la première nuit de cette terrible captivité, qui devait terrasser un si grand nombre d'entre nous et laisser aux deux tiers des survivants d'affreuses maladies, dont sont morts tant de ces malheureux, après la rentrée en France.

Le lendemain, au petit jour, les soldats poméraniens entrèrent brusquement dans ces antichambres de cimetière, en jetant violemment à terre la porte de paille, et, le sabre à la main, ils se mirent en devoir de nous faire sortir ; ils nous firent placer sur les rangs et on nous fit une distribution de couvertures ayant servi aux prisonniers autrichiens en 1866 ; nous en eûmes chacun une. Ils nous donnèrent aussi à chacun quelque chose de carré, ressemblant assez à un poids de vingt kilos ; il y avait une marque faite avec des chiffres gravés sur l'une des faces : c'était noir et moisi, et cela avait l'apparence d'un bloc de terre pressée dans un moule à briques ; cette chose c'était du pain ! Il y en avait un peu plus d'un kilo pour quatre jours.

Après nous avoir fait placer tout cela dans nos huttes, ils nous conduisirent au milieu du camp, et nous attendîmes près d'une heure dans la boue, avant de savoir ce que l'on allait faire de nous.

Enfin des soldats du génie se présentèrent et emmenèrent chacun une quarantaine d'entre nous dans les forts. Là on nous distribua aux uns des pioches, aux autres des pelles et des brouettes, et le travail commença.

Je dirai ici, pour n'y plus revenir que ce travail, fait sous la direction du génie allemand, consistait à l'empierrement et au nivellement des routes, à l'entretien et à la réparation des fortifications, à la construction de buttes pour le tir au canon, à la pose de lignes télégraphiques, enfin tout ce qui était du ressort de l'administration militaire et des autres services de l'Etat ; plus tard nous fûmes loués aux administrations et entreprises privées, aux armateurs pour les travaux du port, et à la municipalité pour le déblaiement des neiges et des glaces dans les rues de Stettin.

Les besognes les plus rudes et même les plus abjectes nous étaient toujours réservées ; on nous fit faire maintes et maintes fois le service de vidangeurs, dans les casernes et dans différents autres bâtiments ; et, chose inouïe, nous n'avions même pas d'eau pour nous laver !

Jamais nous n'avons eu la joie de rencontrer un seul de ces êtres ayant seulement pour deux liards d'humanité. Tous exigeaient de nous un travail sans relâche : on en eût moins demandé à des bêtes de somme ; et c'est en chancelant que nous reprenions chaque soir le chemin de nos repaires immondes.

Jamais non plus le plus mince salaire ne nous fut donné en échange d'un aussi dur labeur ; au contraire lorsque nous étions loués à des particuliers, c'étaient les soldats poméraniens chargés de nous surveiller à la besogne qui recevaient de leurs compatriotes des gratifications, comme récompense des coups qu'ils nous donnaient lorsque nous éprouvions le besoin de souffler dans nos doigts ou que nous nous arrêtions un instant de travailler.

On verra dans la suite de ce récit, où, je le répète encore, *rien n'est exagéré*, tout ce que nous avons eu à supporter dans ces différents travaux.

Le premier jour que l'on nous fit travailler, et qui était le lendemain de notre arrivée, le groupe de travailleurs dont je faisais partie fut employé à creuser les fondations d'une caserne à construire dans l'intérieur du fort Wilhelm.

Vers midi environ, nous fûmes reconduits au camp, afin d'aller chercher notre repas.

Nous prîmes donc chacun notre petite gamelle de fer blanc et nous nous dirigeâmes vers une baraque construite en bois, servant de cuisine.

Nous n'avions qu'une préocupation, savoir quelle serait la nourriture qui allait nous être distribuée ; lorsque nous fûmes arrivés là, nous entrâmes à tour de rôle dans cette baraque; puis, passant de même près de grandes chaudières, nous reçûmes chacun la contenance d'un demi-litre d'une espèce de bouillie grisâtre assez semblable à ce que l'on voit dans les pots des colleurs d'affiches, mais cependant bien moins épais et plus noir.

C'était de la farine de seigle aigre et gâtée, délayée avec des balais de bouleau et où il n'y avait pas même de sel ; un porc à qui l'on eût donné semblable nourriture eût préféré crever de faim plutôt que d'y toucher !

Nous approchâmes ce brouet amer de nos lèvres, nous le jetâmes à terre avec dégoût, aimant mieux manger un morceau du bloc de terre que nous avions que d'ingérer cette affreuse nourriture.

Plus tard, nous l'avons mangée, parce que c'était un peu chaud et qu'un froid terrible nous engourdissait ; mais pour le moment nous comprîmes aussitôt qu'avec le travail que l'on exigeait de nous et une semblable alimentation, les Allemands voulaient notre peau, et nos os par dessus le marché.

Quelques jours après notre arrivée, nous étions occupés, sous la surveillance des soldats poméraniens, à transporter de la terre sur les glacis du fort *Preussen*.

Ces soldats, trouvant que les brouettes

n'étaient pas assez pleines, donnèrent l'ordre à ceux qui, armés de pelles, étaient chargés de les emplir, d'en mettre davantage ; un d'entre nous, n'ayant pas compris cet ordre ou trouvant que nous étions assez chargés comme cela, n'en fit rien ; alors un Poméranien bondit sur lui en vociférant et le frappe du dos de son sabre ; le Français, vieux soldat à moustache grise, fait avec sa pelle le simulacre de parer les coups et de vouloir riposter.

L'Allemand le frappe alors avec rage du taillant de son sabre et lui fend la tête ; inondé de sang, ce malheureux tombe pour ne plus se relever. L'ignoble brute qui vient de commettre ce lâche assassinat remet crânement son sabre au fourreau, sans l'essuyer, afin de pouvoir montrer ce sang à ses camarades.

Les autres Poméraniens applaudissent et semblent envier l'acte de sauvagerie auquel vient de se livrer un des leurs.

Soudain un dragon français quitte sa brouette, s'approche du Prussien, et, prompt comme l'éclair, avant que les autres soldats allemands aient le temps d'intervenir, il assène sur la face du meurtrier un si terrible coup de poing, que le sang jaillit par la bouche, le nez et les oreilles ; le Prussien s'abat comme une masse, les yeux hors des orbites ; alors le Français s'écrie : « Vive la France!... et « tuez-moi maintenant, tas de lâches! »

A peine a-t-il prononcé ces paroles qu'un coup de fusil le couche pour toujours à côté de la première victime de ces brigands, qui criblent son cadavre de coups de bayonnette et lui écrasent la figure à coups de talons de bottes.

Dors, vaillant camarade, repose en paix, repose dans la patrie des bandits, un jour tu seras vengé !... Et le Prussien que tu as si bien châtié ne prendra plus les armes contre ta Patrie, car, lui aussi, il dort : ton poing terrible a fait justice!

Le Prussien fut immédiatement ramassé et emporté à l'hôpital, où il mourut le même soir; quant aux deux autres cadavres de nos malheureux camarades, ils restèrent là jusqu'à ce que nous eûmes fini notre demi-journée de travail ; alors, sur l'ordre des Prussiens, nous les chargeâmes sur une brouette et on nous les fit mener à l'amphithéâtre du Kœnigliches-Lazaret (hôpital royal), au fort Wilhelm.

Là ils servirent aux carabins allemands !

Cet événement avait produit une grande surexcitation parmi nous; les Allemands, à dater de ce jour, ne nous donnèrent aucun ordre sans avoir le sabre à la main, et la série des martyrs se continua de plus belle, jusqu'à notre départ pour la France.

Nous étions gardés, dans ce camp que nous avions surnommé le « Camp de la Mort », par des cuirassiers blancs, des hommes appartenant au Landsturm de Stettin et des soldats du 2e régiment de grenadiers du roi Frédéric-Guillaume IV.

Beaucoup, parmi ces hommes, avaient la médaille de Sadowa et avaient assisté aux affaires du début de la campagne contre la France, affaires dans lesquelles presque tous n'avaient reçu malheureusement que de légères blessures, ce qui leur avait valu d'être désignés pour la garde des prisonniers.

Quelques-uns, parmi ceux-là, nous ayant entendu prononcer dans nos conversations le nom de Gravelotte, répandirent le bruit, parmi les leurs, que nous étions de ceux qui, malgré leur *infâme complice*, avaient si bien montré aux hordes germaniques que, sans un immonde traître, c'en était fait d'eux et de tous les roitelets ligués contre la France...

Ce seul mot : « Gravelotte » produisait sur eux l'effet de la foudre et les faisait frissonner de la tête aux talons.

Aussi, à partir de ce jour ils ne manquèrent pas une occasion de se venger lâchement de cette journée si meurtrière pour eux.

En agissant ainsi, ils ont atteint double but : celui d'exterminer le plus possible des nôtres, mais aussi ils se sont créé d'implacables ennemis parmi les survivants. Ceux-là, s'ils ont le bonheur de voir se lever le jour de la Revanche, sauront montrer à ces bandits que des affronts comme ils en ont subi ne se lavent que dans le sang !

Ce jour-là, ô Teutons grossiers et sanguinaires, il vous sera démontré que cette terrible affaire du 16 août 1870 n'était qu'un jeu d'enfant.

Malheur à vous! Vous attendririez plutôt des tigres qu'un seul d'entre nous ! Et, quoi qu'il arrive, trahisons ou revers, jamais une seule de vos anciennes victimes ne reverra votre exécrable patrie comme prisonnier ; plutôt mille morts qu'une semblable perspective !

Ce que je dis là, je le dis sans forfanterie, car je suis persuadé qu'aucun de ceux qui ont supporté les mauvais traitements de cette race de vipères ne dira que j'exagère.

J'en appelle à vous, chers camarades d'infortune ! Lequel d'entre vous, malgré ses cheveux blancs et bien que brisé par l'âge, ne réclamerait pas sa place au premier rang, le jour du règlement des comptes ?

Mais faisons taire un instant ces justes

ressentiments. Vers le milieu du mois de novembre, la neige fit son apparition ; les faibles toitures qui nous abritaient laissaient passer cette neige, qui filtrait, fine comme de la farine ; il faisait un froid terrible dans ces trous malsains ; la neige, en tombant sur nos couvertures, se formait en verglas ; et, dans l'obscurité qui régnait là-dedans, on n'entendait que grelotter et se plaindre.

Les tirailleurs algériens surtout, avec leur pantalon de toile, souffraient rudement de cette température mortelle ; parfois, dans la nuit, ils poussaient de sourds rugissements mêlés au nom d'Allah et de Mahomet auxquels ils reprochaient d'avoir abandonné la France et ses enfants.

Quelques jours avant que le froid ne se mît à sévir avec autant de violence, nous avions remarqué, pendant nos travaux, une foule d'individus jetant des regards avides sur nos capotes et les manteaux des cavaliers.

Ils s'approchaient de nous et palpaient

l'étoffe de ces différents vêtements, tout en discutant vivement entre eux.

Ces individus, qui pour la plupart étaient sans doute des brocanteurs, avaient des profils de Juifs ; convoitant nos vêtements, ils s'arrangèrent de façon à se les approprier à bas prix.

Ils y réussirent, et voici comment ils opérèrent. Un dimanche après midi, ces maîtres filous, ayant comme complices des soldats et sous-officiers allemands, s'abattirent sur le camp comme une nuée de corbeaux.

Ils avaient des figures souriantes et paraissaient nous apporter une bonne nouvelle.

En effet, quelques instants après leur arrivée, le bruit se répandit aussitôt parmi nous que la paix était signée, et que nous allions être rapatriés au plus tôt.

On se figurera aisément dans quelle joie nous étions d'apprendre une semblable nouvelle, qui trouvait d'autant plus de crédit de notre part qu'elle nous était transmise par des Alsaciens, dupes aussi bien que nous de l'odieux calcul de ces flibustiers.

Tout à coup, une autre nouvelle se répandit encore plus vivement que la première ; et voici ce qu'elle nous apprenait :

Les prisonniers possédant un peu d'argent pourraient, moyennant un demi-thaler, effectuer à prix réduit le voyage de Stettin à Berlin, où des trains à destination de France allaient être organisés incessamment ; quant à ceux qui n'avaient pas le sou, ils attendraient peut-être un mios, et plus même, avant que leur tour n'arrivât.

On comprendra si cette dernière nouvelle avait quelque peu assombri la joie de ceux qui se trouvaient sans un centime, et il y en avait au moins quatre-vingt-dix-neuf sur cent dans ce cas.

C'est alors que le moment de nous dépouiller de nos effets parut propice aux escrocs qui nous trompaient aussi odieusement.

Ils nous firent instantanément la proposition de leur vendre nos capotes, nos manteaux, et en un mot tous ceux de nos vêtements qui avaient encore une certaine valeur.

« C'est pour vous obliger, nous faisaient-ils dire ; vous pourrez ainsi partir pour la France dès que vous le voudrez ; et, dès que vous serez arrivés dans votre patrie, on vous donnera d'autres effets en remplacement de ceux que nous voulons bien vous acheter pour vous rendre service. » Confiants dans les déclarations de ces gredins, nous acceptâmes aussitôt leur proposition.

Ce fut une véritable foire aux habits ; c'était à qui parviendrait à vendre qui sa capote, qui sa tunique ou son manteau, et cela à des prix dérisoires, car ce qu'il y avait de meilleur fut à peine vendu un thaler.

Enfin, ils partirent après nous avoir dépouillés de ce qui aurait pu nous être si utile pour nous préserver de la terrible froidure que nous endurâmes par la suite : et le soir même nous apprenions que tout ce qu'ils nous avaient dit était faux, et que nous n'étions pas près d'en finir avec le malheur.

Plus tard, lorsqu'à peine vêtus de haillons nous fûmes obligés de rester des journées entières sous la neige, avec vingt-cinq à trente degrés de froid, nous aperçûmes sur le dos des charretiers et des portefaix du port les vêtements qui nous avaient été volés et sur la vente desquels les soldats poméraniens avaient reçu une forte remise en échange de leur complicité.

La neige, en survenant, avait fait changer notre genre de travail ; des corvées furent désignées afin de dégager les places et les rues de Stettin ; et du matin au soir nous étions occupés à briser la glace, balayer, ramasser et transporter cette neige dans des traîneaux auxquels nous étions attelés comme des bêtes de somme.

Un jour que nous étions occupés à un travail de ce genre, sur une des places de la ville et près d'une école de garçons, nous fûmes assaillis par ces futurs loups-cerviers, à l'heure de la sortie des classes ; les soldats qui nous surveillaient au travail leur dirent de nous cribler de boules de neige et de morceaux de glace ; en un clin d'œil, tous les habitants du quartier, hommes et femmes, furent dehors pour jouir du spectacle et se joignirent aux gamins, pour mieux nous harceler.

Au premier instant, nous essayâmes de nous garantir tout au moins la figure des projectiles qui pleuvaient de toutes parts ; mais comme il fallait, pour cela, cesser de travailler, cela ne parut pas être du goût des soldats : d'ailleurs nous nous garantissions, et ce nouveau genre de lapidation n'avait plus de charme.

Nous fûmes donc obligés de recevoir sans sourciller ce que nous lançait cette canaille.

Les cris de « Mort aux Français ! » et de « Paris caput ! » retentissaient furieusement à nos oreilles; le sang coulait des blessures faites par des morceaux de glace, ce qui faisait pousser à ces brigands des hurras féroces.

Autour de nous, les voitures s'arrêtaient pour ne pas entraver le divertissement de toute cette foule, qui battait des mains au fur et à mesure que le sang paraissait sous les coups.

C'en était trop ! Décidés à mourir plutôt que de supporter de semblables affronts, nous fîmes, tout en travaillant, des boules de neige dans lesquelles nous mîmes des pierres.

Nous étions une quarantaine, ils étaient plus de cinq cents ; lorsque nous eûmes suffisamment de munitions, nous nous précipitâmes furieusement sur cette canaille en poussant un cri terrible de « Vive la France ! »

Une quinzaine de ces gredins et gredines furent renversés par la violence du choc, lorsqu'ils reçurent nos boules de neige à noyaux de pierre ; ce fut si prompt, si foudroyant, qu'en un clin d'œil la place fut nettoyée.

Alors nous reprîmes notre travail sous les coups de crosse qui nous furent distribués par les casques à pointes, furieux d'avoir vu fustiger leurs tristes compatriotes.

Inutile de dire que des scènes analogues

se produisaient chaque fois que des groupes de Français travaillaient ou passaient dans les rues.

Un soir, c'était vers les derniers jours de novembre, nous étions rentrés du travail accablés de lassitude et mourants de faim et de froid ; l'heure d'aller chercher notre exécrable repas étant venue, nous nous pressions en foule devant la baraque servant de cuisine ; nous étions là au moins deux mille, nous poussant pour entrer prendre notre ration de farine de seigle , et cela devant une porte ne pouvant laisser passer que deux hommes de front.

A cette porte, deux factionnaires, sous les ordres d'un officier de service, ne nous laissaient entrer que dix à dix et croisaient la bayonnette pour arrêter ce flot humain piétinant dans la neige.

L'officier, croyant que les deux factionnaires allaient être impuissants à nous maintenir, ou bien voulant nous donner un aperçu de son savoir-faire, eut une idée comme il ne peut en venir qu'aux êtres de sa nation.

Il quitta précipitamment la baraque par la porte de sortie donnant du côté opposé à celui où nous étions et alla chercher deux compagnies d'infanterie qui vinrent, sous sa conduite, se placer sur deux rangs, entre nous et la baraque et y faisant face par conséquent nous tournant le dos.

La nuit était complètement venue ; et le flot considérable des prisonniers allant toujours grossissant continuait à se tasser devant cette cuisine.

Tout à coup, une voix éclata, hurlant un commandement bref ; les deux compagnies firent demi-tour d'un seul mouvement, et, se précipitant sur nous bayonnette en avant, ils nous chargèrent furieusement, en poussant de sauvages clameurs.

Alors il se passa une scène indescriptible ; ceux qui se trouvaient devant, sentant les baïonnettes leur labourer les chairs, s'efforcèrent de reculer pour se préserver ; impossible, car ceux qui étaient derrière, ne sachant pas ce qui se passait devant eux, résistaient, pour arriver plus vite à la baraque.

Les cris de douleur retentissaient de toutes parts et couvraient les hurlements de ces fauves, qui fonçaient de plus belle, lorsque les cris de : « Ils nous assassinent ! « ils nous égorgent ! oh ! les lâches ! » éclatèrent de tous côtés.

Alors, en un clin d'œil, chacun se précipita dans la direction des trous de paille, perdant souliers et gamelle dans la bagarre.

Derrière nous retentissaient les cris plaintifs des blessés se roulant dans la neige.

Et ceux que vous traitiez de la sorte, ô Prussiens, étaient ces hommes que vous aviez devant vous à Reichshoffen et qui vous avaient été livrés à Sedan ; c'étaient les combattants de cette armée du Rhin, les trahis de Metz, qui avaient couché dix mille hommes de votre garde autour du cimetière de Saint-Privat, et qui, affreusement éprouvés par le malheur et terrassés par la souffrance et les privations, avaient droit au respect dû à l'infortune!

Le lendemain, la neige couvrant les abords de la cuisine était rouge de sang; les malheureux que les Allemands tuèrent et blessèrent là ne furent jamais tous connus; leur absence fut remarquée dans les trous auxquels ils appartenaient, mais jamais il n'en revint un seul parmi nous; les Allemands les avaient eux-mêmes ramassés, et nous ne sûmes jamais ce qu'ils étaient devenus.

LES VICTIMES DU TRAITRE

ET

LE CAMP DE KREKOW

VIII

Quelques jours avant l'événement que je viens de relater, les martyrs de Metz étaient venus nous rejoindre ; l'arrivée de ceux qui étaient destinés à venir terminer leurs souffrances à Stettin eut lieu un matin ; nous nous rendions à notre travail quotidien, lorsque nous croisâmes la colonne de ces malheureux venant partager notre triste sort : nous crûmes, en les voyant, assister à un défilé d'échappés de la tombe.

Ce n'étaient plus des hommes, c'étaient des spectres!

Oh! comme ils étaient défaits, pâles, amaigris, les yeux agrandis par la souffrance, le corps décharné par les privations, et mourant par centaines de la terrible dysenterie! Leurs vêtements en loques étaient couleur de terre; ils marchaient courbés et languissants, tristes et résignés, sans une plainte, ces spectres de soldats; un coup de vent aurait renversé ces guerriers qui naguère, confiants dans leur vaillance et leur courage, ne demandaient qu'à vaincre ou mourir serrés autour du drapeau, et qui, s'ils n'eussent été livrés, auraient culbuté les régiments allemands sous les murs de Metz!

C'était donc là une partie de ce qui restait de cette fière armée du Rhin, sur laquelle la Patrie avait un instant fondé ses plus chères espérances?

C'était donc vous, héros de Borny, Gravelotte, Mars-la-Tour, Sainte-Barbe, etc., etc.., légion de vaillants aux mains d'un lâche, qui veniez à votre tour, dans ce pays maudit, chercher la honte, l'humiliation et la tombe?

Oh! le cœur se serre à votre souvenir! Salut à vous tous, martyrs sublimes dont nul ne dira les noms, mais dont la mémoire est vénérée chez ceux qui ont vu votre malheur, et qui vivent aujourd'hui d'espérance!

Ces malheureux, sur lesquels la mort n'avait qu'à jeter un regard pour achever son œuvre aux trois quarts faite, devaient contribuer à fournir le plus grand nombre de morts.

Comme le chiffre des prisonniers arrivants allait toujours croissant, il nous fallut céder la place à ceux qui, chaque jour, étaient dirigés sur le lieu où nous étions.

Un matin, les Prussiens nous ordonnèrent de prendre avec nous nos couvertures et nos gamelles, car nous devions partir pour un village situé à 6 kilomètres de Stettin.

C'était le 30 novembre; la neige tombait en flocons épais et serrés quand nous nous mîmes en route pour notre nouvelle destination ; la colonne, à laquelle s'étaient joints des détachements de prisonniers venant des forts de la ville, comptait au moins six mille hommes ; on eût dit une immense procession d'ombres glissant sur la vaste plaine blanchie.

Après une heure de marche, nous aperçûmes un village situé sur le bord d'une forêt de sapins, et en avant de ce village un vaste espace ressemblant à un camp, où des tentes légères disparaissaient presque complètement sous de violentes rafales de neige.

Ce village était Krekow, et ce camp notre dernière station de souffrances, où nous devions passer de longs mois avant de voir se lever le jour de la délivrance.

Si, parmi ceux qui liront ces lignes, il s'en trouve qui aient passé en ce triste lieu, ils salueront comme moi, par le souvenir, le cimetière de nos frères d'infortune, situé dans un coin solitaire de cette plaine qui, la dernière, a porté leurs pas chancelants, et du fond de laquelle ils ont jeté un suprême adieu à la patrie !

A notre arrivée, nous fûmes installés dans des tentes ; chacune reçut vingt prisonniers, et un nouveau genre d'existence commença pour nous.

Avec les faibles abris que nous avions pour nous garantir d'une température si terrible, les mauvais traitements et les durs labeurs qui nous étaient imposés, joints au manque de nourriture, causèrent une mortalité effroyable parmi nous ; et les autorités allemandes, en présence de cette hécatombe, donnèrent l'ordre aux paysans et ouvriers des environs de fabriquer des cercueils pour les Français, plutôt pour donner du travail à leurs misérables compatriotes, qui crevaient de misère que pour nous permettre d'être enterrés d'une façon convenable.

Un vaste hangar appartenant au génie fut désigné pour servir d'entrepôt à ces lugubres caisses destinées à renfermer les restes de tant de nous ; et, toutes les semaines, des équipes étaient désignées pour aller empiler sous ce hangar les cercueils que les paysans venaient livrer par charretées et qui, bien souvent, servaient à beaucoup d'entre ceux qui avaient effectué ce genre de travail.

Nous vîmes s'écouler une partie de décembre sous ces tentes meurtrières, dont l'intérieur était recouvert d'une épaisse couche de givre ; et là, après avoir passé des nuits entières à nous serrer les uns contre les autres afin de nous réchauffer, il n'était pas rare de trouver, le matin, des camarades qui, rompus de fatigue et ayant cédé au sommeil, ne se réveillaient plus.

Toute la nuit, c'était un concert de toux continuel auquel se mêlaient des claquements de dents et le sifflement lugubre des vents glacés du nord soufflant sans trêve sur cette plaine désolée.

La situation devenait pour nous de plus en plus terrible, et nous considérions notre mort comme inévitable avec un plus long séjour sous ces abris impuissants à nous protéger, lorsque, soit par remords ou plutôt par crainte d'une réprobation générale, l'ordre arriva de nous faire construire des baraques en planches, pour remplacer les tentes.

Des détachements chargés d'aller chercher des matériaux à Stettin furent immédiatement organisés, et tous nous nous mîmes à l'œuvre afin d'achever au plus vite la construction de ces nouveaux abris.

Il n'était que temps, car chaque nuit le thermomètre descendait à 30 degrés centigrades, et le mois suivant ce fut encore pis.

Dans la première huitaine de janvier, notre besogne était terminée ; nous avions construit quatre-vingts baraques de trente mètres de long sur cinq de large chacune, et alignées symétriquement sur deux rangs ; des ruelles d'égale largeur séparaient ces constructions, qui furent numérotées par compagnie, de un à quatre-vingts, et dans chacune desquelles environ soixante-dix prisonniers furent installés.

Celle où mes camarades de tente et moi prîmes place portait le n° 41, et fut par conséquent occupée par la 41me compagnie.

Dans ces baraques, d'une construction très légère et recouvertes de carton goudronné, nous étions cependant un peu plus à l'abri du froid et des intempéries; néanmoins, le rude hiver, sévissant avec une intensité continuelle et progressive, devait y faire aussi de nombreuses victimes.

Vers le 15 janvier environ, un mot d'ordre avait été donné, on ne sut jamais par qui ni comment, aux sous-officiers français; ces derniers avaient recommandé aux hommes de chaque baraque de ne pas se livrer au sommeil et de se tenir sur le qui-vive, en évitant surtout d'inspirer de la méfiance aux Allemands; car, dans le milieu de la nuit, ils avaient une confidence de la plus haute importance à leur faire, disaient-ils.

Voici ce dont il s'agissait :

A minuit, un signal fait, au moyen d'une fusée, devait partir de la forêt de sapins faisant face au front de bandière du camp; ce signal devait être celui du soulèvement en masse de tous les prisonniers, qui étaient au nombre de six mille au camp de

Krekow et de douze à quinze mille dans les forts et la ville de Stettin; et l'on verra dans ce qui va suivre que, sans une terrible fatalité, attribuée par les uns à l'imprévoyance, et par les autres à la trahison, l'Allemagne ne serait peut-être aujourd'hui qu'un vaste désert.

Il n'y a point d'exagération dans ces derniers mots; car à ces vingt mille hommes soulevés et armés seraient venus se joindre les dix mille hommes internés au camp d'Alt-Damm, situé à peu de distance à l'est de Stettin; et cette place forte une fois entre notre pouvoir avec son fort et son immense arsenal, la Poméranie tout entière aurait été de prime-abord le théâtre de sanglantes représailles. Dans l'état de haine où nous nous trouvions, nous n'eussions laissé sur notre passage que ruines et dévastation.

Dans chaque baraque, un coin avait été réservé; dans ce coin, qui se trouvait près de l'entrée, on avait construit par mesure de prudence, un local devant contenir vingt soldats allemands: c'était pour mieux dire une seconde construction faite dans la première ; un poêle y avait été placé, ainsi que cinq lits en fer à quatre étages ; un râtelier d'armes y avait été aussi installé, et c'est là-dedans que logeaient les vingt hommes préposés à la garde de chaque baraque.

Deux bataillons, logés dans de vastes constructions attenantes au village de Krekow, fournissaient les postes chargés des patrouilles de nuit et plaçaient des factionnaires tout autour du camp, de distance en distance.

Nous devions donc, au signal donné, enfoncer les portes des locaux contenant chacun vingt fusils ; comme il y en avait quatre-vingts, nous nous trouvions alors en possession de seize cents armes ; cela était suffisant pour avoir raison des deux bataillons, et pouvait se faire dans moins de temps qu'il n'en faut pour l'écrire.

Le soir de la date fixée pour le soulèvement, rien n'ayant fait prévoir que cette tentative avorterait, chacun, après avoir bu sa ration d'eau chaude, prit sa place accoutumée et s'arrangea de son mieux pour se préserver du froid.

Il était environ huit heures, le plus grand silence régnait parmi nous ; tout le monde s'attendait à quelque chose de grave, mais personne, à part les sous-officiers, ne savait ce qui devait se passer, car pour éviter toutes éventualités contraires au projet, ces derniers avaient gardé prudemment le plus grand secret.

Le clairon allemand venait de lancer ses quelques notes basses annonçant que l'heure était sonnée où tous, à part les patrouilles, devaient se tenir cois.

Alors, dans chaque baraque, on eût pu voir un de ces vieux sergents grognards, comme il y en avait encore il y a une douzaine d'années dans bien des régiments, se glisser à pas de loup jusqu'à la porte du local où se trouvaient les Poméraniens, y coller son oreille et, après avoir écouté quelques instants attentivement, regagner sa place en rampant.

Il venait de s'assurer que les ours étaient

tous dans leur fosse et qu'ils n'allaient pas tarder à se livrer au sommeil.

Cinq minutes après, tout le monde avait connaissance de ce dont il s'agissait, et chacun jurait qu'il était prêt à tout, plutôt que de subir plus longtemps les affronts quotidiens dont nous étions abreuvés.

Tous avaient espoir en la réussite, car ce seul mot *liberté* avait fait passer dans le cœur de chacun un souffle d'énergique résolution ; la perspective du succès nous faisait entrevoir notre malheureuse patrie débarrassée de ces vautours qui lui rongeaient le cœur ; et peu nous importait la mort : n'étions-nous pas habitués à la voir faucher chaque jour parmi nous, et n'allions-nous pas appliquer à ces bêtes fauves la loi du talion et faire payer cher à ces êtres inhumains les humiliations subies par toi, ô France ! toi notre mère à tous !

Hélas ! nous ne devions pas avoir ce bonheur ; la mort, que nous bravions et qui n'avait pas voulu de nous sur les champs de bataille, allait s'appesantir, de plus en plus terrible et inexorable, sur tes malheureux enfants, ô patrie ! et les enlacer pêle-mêle dans l'affreux linceul de l'exil.

Nous étions donc tous dans l'attente de ce signal qui devait marquer le commencement du carnage, écoutant, haletants et impatients, les moindres bruits qui nous arrivaient du dehors et prêtant l'oreille aux heures qui sonnaient lentement au village de Krekow.

Il y avait déjà quelques instants que le dernier coup de dix heures venait de vibrer dans la nuit, lorsque soudain il nous sembla entendre un bruit sourd et lointain, semblable à celui d'une charge de cavalerie ; ce bruit se rapprocha rapidement des baraques et passa comme un éclair, avec un grand fracas de cliquetis de sabres et de sabots de chevaux frappant le sol gelé : une terrible appréhension s'empara de nous. Que signifiait cela ? Les Allemands avaient-ils eu vent de quelque chose ? Fatalité !

Nous en étions à nous poser toutes ces questions à voix basse, en nous livrant à toutes sortes de conjectures sur ce que nous considérions à juste raison comme un contre-temps fâcheux, lorsque nous entendîmes les sentinelles crier : Aux armes ! et presque immédiatement le pas lourd et cadencé de pelotons parcourant le camp.

Alors les baraques furent brusquement envahies ; les soldats spécialement chargés de notre garde prirent les armes et sortirent à la hâte, munis de falots, et se livrèrent à de minutieuses recherches ; il ne nous restait plus qu'à simuler le sommeil en restant blottis dans la paille chacun à notre place.

Ainsi échoua cette unique tentative de soulèvement qui, bien qu'avortée, eut son retentissement jusqu'en France, si bien que beaucoup de journaux annoncèrent, comme nous l'apprîmes plus tard le succès de notre tentative ; je dis unique, car, après cette panique des Poméraniens, il eût été insensé d'entreprendre semblable projet avec les précautions qui furent prises contre nous.

Les Allemands restèrent debout toute la nuit ; et le lendemain, lorsque nous sortîmes des baraques, nous pûmes voir autour du camp des canons braqués sur nous, et le nombre des sentinelles triplé.

Comment ont-ils été instruits à temps de cette tentative ? Nul ne l'a jamais su, et je ne crois pas que ce soit le fait d'un traître ; il n'y en avait pas parmi nous, comme on le verra plus loin.

A partir de ce jour, nous fûmes plus que jamais voués au sabre et aux coups de fusil ; un rien était le motif d'une tuerie : et, le typhus, la variole, la dysenterie et le froid aidant, nos rangs diminuèrent dans des proportions effrayantes.

Ce fut vers cette époque que les Allemands entreprirent de nous faire charrier de la glace destinée à ravitailler d'immenses glacières pour les hôpitaux de Berlin, Stettin et autres villes.

De lourds traîneaux, semblables à des caisses de tombereaux, furent envoyés à cet effet de Stettin, et ce pénible travail commenca.

France ! il est heureux pour toi qu'en ce moment tu n'aies pu voir tes malheureux enfants ; car ton cœur de mère, cependant si meurtri alors, aurait éclaté d'indignation !

Ce que tu n'as pu voir en ces jours néfastes, je vais le narrer, aujourd'hui que tes plaies se sont lentement fermées, et tu verras que tes malheureux fils étaient dignes de toi.

Regarde cette immense plaine de neige encadrée comme d'un ruban de deuil par ces sombres forêts du nord ; ne vois-tu pas une longue ligne noire se découper au milieu de cette plaine et se diriger lentement et péniblement vers une des extrémités du camp ? Tu ne sais pas ce que tu vois là, dans ce désert de neige où règne un froid de trente degrés ? Je vais te le dire.

Des ombres de Français sont attelés deux à deux à chaque traîneau et, tout en tirant péniblement leur charge de glace, ils se tiennent mutuellement par le bras pour se soutenir l'un l'autre ; ils viennent de chercher leur fardeau dans le milieu de la forêt, à 6 kilomètres de leur baraque ; et ce trajet ils le feront deux fois par jour aller et retour, car il y a là un étang où l'eau est très claire et qui, selon la légende, se trouve situé sur l'emplacement d'un village englouti dans un cataclysme.

Par moment, ces malheureux glissent et tombent tous les deux à la fois ; alors ils font des efforts pénibles pour se relever, leurs mains endolories par le froid ne peuvent leur être d'aucun secours ; mais voilà un cuirassier blanc chaudement enveloppé d'un épais manteau fourré qui survient, le sabre levé ; il frappe ! il frappe ! du dos de son sabre !

Enfin les voilà debout, ces martyrs, et ils reprennent leur marche lente ; leurs visages tristes et amaigris sont bleuis par le froid et contractés par la douleur ; le givre pend en épais glaçons à leur chevelure et à leur barbe ; les trous de leurs vêtements usés laissent voir leurs membres décharnés et couverts de plaies ; et le soir, lorsque après un si rude travail, ils se laisseront tomber exténués sur leur paille infecte, la terrible maladie achèvera l'œuvre des bandits !

Mais ce n'est pas tout, France, regarde ! Maintenant, ne vois-tu pas, à l'autre extémité de cette plaine, une procession d'ombres semblable à la première ?

Cette longue file marche lentement aussi, et disparaît par moments dans d'épais tourbillons de neige soulevés par un vent violent venant de la Baltique ; seulement, les spectres qui la composent ne sont pas attelés deux à deux, ceux-là ; ils portent au contraire, sur des brancards placés sur leurs épaules, quelque chose que la neige recouvre et que l'on ne peut pas bien définir.

Où vont-ils donc, ces infortunés ?

Ils se dirigent vers l'enclos solitaire servant de champ de repos à leurs frères qui ont succombé victimes des mauvais traitements des Allemands.

Chaque jour, un convoi semblable prend la même direction, toujours de plus en plus chargé, car le nombre des morts augmente tellement, que chaque semaine la palissade servant de clôture à ce lieu funèbre est reculée de vingt mètres ; et chaque semaine ce nouvel espace a son comptede cadavres !

Le convoi que je. montre actuellement, faisant pendant à cette longue file de malheureux revenant d'un dur et pénible labeur, marche lentement.

Il y a là cinq brancards, portant chacun trois cercueils.

Ils sont quatre pour porter un de ces brancards : quatre squelettes en portant trois autres.

Oh ! ils ne sont pas lourds, les tristes restes de leurs camarades ; mais ils sont bien faibles, ceux qui les portent ! Et par moment leur pied glisse sur la neige durcie et battue par le passage des convois journaliers.

Tout à coup, un des porteurs tombant, les trois autres le suivent ; le brancard, quittant leurs épaules amaigries, s'abat, et le lugubre fardeau résonne sourdement sur le sol.

Alors le funèbre convoi s'arrête; les cercueils disloqués par le choc et laissant voir les cadavres sont replacés sur le brancard, que d'autres reprennent sur leurs épaules, et l'on arrive enfin à la dernière demeure de ces infortunés.

Puisque je suis arrivé au lieu où dorment ceux qui n'ont jamais revu la France, je prie les mères dont les fils sont là-bas de me pardonner si je viens raviver leur douleur, mais ce récit est nécessaire ; d'ailleurs, elles peuvent être fières, ces pauvres mères, car elles ont donné le jour à d'héroïques Français !

Quant à toi, France, apprends combien ils t'aimaient. Je ne cite qu'un fait ; tu jugeras.

Dans la baraque où j'étais, j'avais pour voisin de droite un jeune soldat de la ligne ; il était du département de la Sarthe, des environs du Mans, je crois, il s'appelait Marchand.

Ce malheureux, quoique d'un tempérament robuste, n'avait pas tardé à se ressentir des terribles effets de la misérable existence qui nous était imposée.

Il dépérissait pour ainsi dire à vue d'œil, et, tous les jours, les camarades et moi nous lui disions de voir le médecin-major ; toujours il nous répondait : « Non ! je ne veux pas mourir en Prusse ! Et c'est ce qui m'arriverait si j'entrais à l'hôpital. » Il avait raison, car tous ceux qui y entraient n'en sortaient que par l'Amphithéâtre.

Une fièvre terrible le consumait lentement, et un jour cette maladie se compliqua d'une fluxion de poitrine.

Il travaillait quand même, de peur que les Allemands ne le fissent porter à cet hôpital redoutable.

Cependant, il ne pouvait résister longtemps, car le mal gagnait d'heure en heure ; néanmoins, il travailla jusqu'à la fin.

Le dernier jour de l'existence de ce cher camarade, nous étions occupés à casser des pierres destinées à une route que nous devions construire à l'époque du dégel ; il était près de moi, faisant de pénibles efforts pour se tenir debout et travailler !

Sa respiration était haletante et saccadée; et malgré le froid intense qui régnait, de grosses gouttes de sueur inondaient sa face contractée par la douleur.

Soudain, il me prit le bras, et, le serrant convulsivement, il me dit d'une voix affaiblie et entrecoupée par la souffrance : « Regarde ! là-bas.... là-bas.... vois-tu, où l'on dirait que le ciel touche terre ? Oh! je t'en prie ! dis-moi si c'est là qu'est la France !.... »

Je le regardai et le vis fixer ses yeux brillants de fièvre sur le point qu'il me désignait.

Depuis quelques instants, j'avais remarqué qu'il jetait ses regards dans toutes les directions ; je n'eus donc pas de peine à comprendre toute l'importance qu'avait pour lui la question qu'il me posait, et sans hésiter je lui répondis : « Oui, c'est là qu'est la Patrie ! Espère et prends courage, car un jour nous lui serons rendus ! »

« Oh merci ! s'écria-t-il ; et ses yeux se rivèrent sur l'horizon avec une fixité étrange ; sa physionomie avait une expression qu'aucun pinceau ne pourrait reproduire ; je l'entendis murmurer plusieurs fois ces mots : « Oh ! mon pays.... mon pauvre pays ! .... »

Le travail terminé, nous nous dirigeâmes vers les baraques ; nous le soutenions à deux, car la faiblesse le gagnait de plus en plus ; et comme la nuit arrivait, il voulut jeter un dernier regard à l'horizon ; alors il nous dit : « Vous la reverrez, vous, mais moi, c'est fini ! Je le sens bien ! Je n'aurai pas ce bonheur ! »

Une heure après il râlait ; et dans le milieu de la nuit il mourait en appelant ses deux mères : celle qui lui avait donné le jour, et celle pour laquelle il expirait.

Voilà comment ils mouraient, ceux que le sabre et le fusil épargnaient.

Et aujourd'hui, que la fièvre des monuments est à l'ordre du jour, aujourd'hui, ces Français attendent encore le leur ! Ces malheureux, qui après avoir tant souffert n'ont même pas eu le bonheur d'avoir le sol sacré de la patrie pour linceul et que la terre de l'ennemi a engloutis dans un exil éternel, ont donc démérité de toi, ô France ! Sinon, pourquoi cet oubli ? Crois-tu qu'un monument élevé à la mémoire de ces martyrs sublimes ne serait pas édifiant pour les générations à venir ?

Nous, leurs camarades d'infortune, conservons-leur dans nos cœurs le monument du souvenir et fortifions le patriotisme de de nos enfants et de nos amis par le récit de leurs malheurs.

LE CIMETIÈRE DE KREKOW

IX

Je reprends mon récit, un instant interrompu pour relater la fin d'un ami, et je continue par la description de ce cimetière.

A notre arrivée au camp de Krekow, il n'y avait pas de lieu désigné pour la sépulture de nos morts ; et, comme le cimetière du village, qui d'ailleurs aurait été trop petit, nous était interdit, les premiers furent enterrés dans un coin de la plaine, au loin, sur la lisière d'un bois, et c'est là que les Allemands se décidèrent à choisir un vaste espace qu'ils nous firent entourer de palissades, et qui devint le cimetière des Français.

Trois mois après, ce funèbre asile était plein ; et j'ai dit plus haut les nécessités d'agrandissement qui surgirent ensuite.

Les grands froids étant survenus, les difficultés devinrent très grandes, pour creuser des fosses nouvelles ; alors voici ce que nous fîmes :

Dès que nous étions parvenus à ouvrir une fosse, et cela avec des peines inouïes (il fallait se servir de haches et de piques, la terre étant gelée à plus d'un mètre vingt de profondeur), nous creusions des galeries sur les côtés, ce qui donnait à chaque fosse l'aspect d'un caveau ; il pouvait tenir dans chacune une vingtaine de cercueils, ce qui faisait qu'après un enterrement, on ne bouchait pas cette fosse, qui n'était pas encore complète ; alors le lendemain, lorsqu'un autre convoi arrivait, le vent avait chassé la neige dans ces trous et les avait comblés ; on sortait cette neige, on complétait la fosse, on jetait sur les cercueils un mélange de terre et de neige, et on passait à une autre.

Bien souvent, en ouvrant ces galeries

souterraines ayant pour voûtes la terre gelée, nos pioches allaient buter contre les cercueils des fosses récemment comblées.

Chaque nuit, de sinistres visiteurs, accourant des profondeurs des bois, venaient flairer ces tombes, et dès la fin du jour nous entendions dans le lointain le lugubre hurlement des loups. Pendant le jour même, lorsqu'un convoi arrivait au cimetière, on voyait de ces carnassiers rôder aux alentours ; la neige en cet endroit gardait partout les empreintes de leurs pas.

Pendant toute la durée de ce rude hiver, ces tombes furent délaissées; mais lorsque le mois d'avril arriva avec les premiers jours de soleil, l'aspect de ce triste lieu changea complétement.

Tout le monde se mit à l'œuvre ; et, n'ayant pour outil qu'un mauvais couteau, il y en eut parmi nous, qui avec de simples débris de bois, firent de véritables chefs-d'œuvre.

Les Allemands, émerveillés, nous donnèrent du bois, et nous fîmes à chaque fosse un entourage et un petit mausolée avec les noms et le numéro des régiments de ceux qui reposaient là.

Sur la tombe d'un Alsacien, un camarade confectionna le modèle de la cathédrale de Strasbourg : c'était la reproduction exacte de ce monument dans tous ses moindres détails.

Sur celle d'un artilleur, d'autres avaient construit une redoute en miniature, avec ses canons, ses piles de boulets et ses factionnaires, ainsi que leurs guérites ; à côté on voyait, sur celle d'un enfant du département du Nord, un puits de mine avec son appareil à monter le charbon ; çà et là, quelques débris de houille étaient disposés en tas.

Tous ces souvenirs que nous donnions à nos camarades ont-ils été respectés après notre départ ? J'en doute ! Peut-être qu'aujourd'hui rien ne marque plus l'emplacement de ces tombes !

Dans le courant d'avril, plusieurs d'entre nous prirent l'initiative d'une souscription pour l'érection d'un mausolée qui fut placé au milieu du cimetière.

La paix était signée depuis longtemps, les envois d'argent se transmettaient plus régulièrement ; beaucoup en reçurent en ce temps-là, car presque tous en avaient demandé à leurs parents, de manière à pouvoir fournir leur part à la souscription.

Les officiers français internés à Stettin s'empressèrent d'y contribuer dès qu'ils en eurent connaissance, et nous réunîmes enfin la somme nécessaire pour faire quelque chose de décent.

Voici la description exacte de ce modeste monument :

Au milieu du cimetière fut élevé un tertre avec du gazon, sur lequel on plaça un socle de pierre ; et, sur ce socle, une croix en marbre blanc, haute de deux mètres, fut installée.

Sur cette croix étaient gravés en français ces quelques mots : « Les prisonniers français à leurs camarades d'infortune ! 1870-1871. »

Ces mots étaient reproduits en allemand sur le socle.

Nous organisâmes, après en avoir obtenu l'autorisation, une touchante cérémonie d'inauguration, qui eut lieu dans le courant de mai.

Je ne reproduirai pas les quelques paroles de patriotiques adieux qui furent prononcées à cette inauguration par un maréchal-des-logis de hussards et deux ou trois autres camarades : ma mémoire ne s'étend pas jusque-là ; je ne puis que publier ces vers, touchants dans leur simplicité, lus par un soldat du 66e régiment de ligne :

En ce lieu solitaire, asile de la mort,
Frères infortunés en paix reposez-vous !
Qui vous a conduits là ? La trahison... le sort
Qui pour l'éternité vous séparent de nous.

Empli de désespoir, votre cœur expirant
S'est un instant tourné vers la pauvre chaumière
Où votre fiancée attend en vous pleurant,
Où, pour vous embrasser, vous appelle une mère...

Mais leurs vœux, leurs sanglots, leurs plaintes, la [prière

Ne sauraient ranimer ni ces cœurs endormis,
Ni ces yeux qui se sont fermés à la lumière,
Privés de leur amour et loin des cieux amis !

Le froid, les durs labeurs et l'affreuse misère
A l'ombre des sapins les ont ensevelis.
Les mauvais traitements les ont, sous cette terre,
Pour jamais condamnés à l'éternel oubli.

Vous tous, de notre France, ô fils, ô défenseurs,
Sur les champs de la mort, par le fer épargnés,
Vaillants dans les combats, nobles dans les malheurs
A d'horribles tourments vous avez succombé.

Adieu ! le cœur se serre ! Adieu, pauvres martyrs !
Bientôt, en revoyant notre chère patrie,
Nous penserons à vous, étouffant les soupirs
Qui toujours renaîtront dans notre âme attendrie.

J'ai pu conserver ces vers, qui m'ont été donnés par l'auteur, M. Mairesse, des environs de Lille ; je le prie de m'excuser si je cite son nom ici.

Ce cimetière, où chaque dimanche des centaines de visiteurs venaient en foule de Stettin pour en admirer la bonne tenue et s'extasier devant les soins que nous donnions aux tombes de nos chers morts ; ce cimetière, dis-je, était aussi le lieu où les opprimés affirmaient leur solidarité, en s'unissant dans la mort par une suprême protestation contre leurs oppresseurs.

Un jour, un jeune Polonais incorporé dans un régiment poméranien, comme le sont aujourd'hui les fils de l'Alsace-Lorraine, ayant été brutalement frappé par un officier et ne pouvant supporter plus longtemps les mauvais traitements des bourreaux de sa patrie, passa sa bayonnette au travers du corps de cet officier.

Trainé immédiatement devant une cour martiale, il fut séance tenante condamné à être fusillé.

Avant d'aller se placer devant le peloton chargé de l'exécuter, comme ses assassins lui demandaient hypocritement quel était son dernier désir : « Mon seul désir, leur répondit-il fièrement, c'est d'être enterré avec mes frères, avec les Français !.. »

Il fut fait ainsi qu'il l'avait demandé, et ce fut nous qui le conduisîmes parmi les nôtres, sur l'ordre des Allemands, qui disaient : « Il a raison, il faut mettre les chiens avec les chiens ! »

Espérons qu'un jour de leurs cendres

naîtront des vengeurs, qui à leur tour sauront mettre les loups dans l'impossibilité de mordre.

De même que pour nos frères d'armes, nous fîmes à ce malheureux un entourage et une inscription conçue en ces termes : « Ici repose, assassiné par les Prussiens, un noble fils de la malheureuse Pologne ! »

Ceci resta près de huit jours ; car, une de ces têtes carrées, sachant lire le français, vint avec plusieurs de ses pareils détruire cette inscription vengeresse, en menaçant de tout démolir si nous recommencions.

Malgré cela, la tombe de cet infortuné fut constamment l'objet de nos soins.

SAUVAGERIE & BARBARIE

X

Je suis obligé de revenir en arrière, afin de relater les événements qui se sont passés à leur date précise.

Après notre tentative de soulèvement avortée, des mesures de la dernière rigueur furent prises à notre égard ; dans nos baraques, qui jusqu'à ce jour n'avaient pas été éclairées la nuit, les Allemands placèrent des lanternes, et toutes les nuits nous recevions la visite de patrouilles et de rondes, de la part desquelles nous avions à supporter toutes les brutalités.

Une nuit, entre autres, un chasseur à pied appartenant à la 40e compagnie, voisine de la nôtre, s'étant vu forcé, étant atteint de la dysenterie, de sortir de la baraque, et n'ayant pu aller jusqu'au fossé servant aux besoins naturels, fut poursuivi par une patrouille et, une circonstance heureuse aidant (la lanterne s'étant éteinte), ne dut son salut que grâce à la rapidité avec laquelle il put regagner sa place.

Lorsque la patrouille acharnée à sa poursuite arriva sur le seuil de la baraque où il s'était réfugié, et que les soldats qui la composaient virent que celui auquel ils donnaient la chasse leur échappait dans l'obscurité, ils s'arrêtèrent et firent feu à volonté, tirant au jugé, espérant ainsi atteindre quand même leur proie.

On juge quel fut le réveil de ceux qui dormaient là-dedans ; ils crurent que c'était un massacre en masse qui s'exécutait ;

et cette croyance avait d'autant plus de consistance qu'il y en eut de tués et de blessés ; ces derniers, brusquement réveillés par la douleur, poussaient des cris lamentables.

Enfin, ce fait d'armes accompli, la patrouille se retira, et le lendemain au matin on en emportait deux à l'amphithéâtre et sept à l'ambulance, dont trois moururent le même jour des suites de leurs blessures.

J'ai dit plus haut, au sujet de la non-réussite de notre révolte, que nous n'avions pas de traîtres parmi nous : on en aura la preuve par le récit qui va suivre.

A environ cent mètres en arrière de nos baraquements, du côté opposé au front de bandière, un grand fossé avait été creusé pour les nécessités.

Un jour, les Allemands constatèrent qu'un de leurs soldats manquait à l'appel ; des recherches avaient été faites de tous les côtés sans aucun résultat, lorsqu'ils finirent par découvrir sa toque surnageant dans ce fossé.

Inutile de dire que le cadavre du Prussien s'y trouvait aussi.

Au premier abord, les chefs n'eurent aucun soupçon, car ils avaient conclu que ce soldat devait être en état d'ivresse et qu'il était tombé là accidentellement.

Après trois ou quatre jours, ils se ravisèrent, disant que la mort de leur « Landsmann » pouvait bien être le fait des Français; et ils firent exhumer le cadavre, afin de procéder à l'autopsie.

Les médecins chargés de cela n'eurent pas de peine à reconnaître des traces de strangulation ; car il avait bel et bien été étranglé avant d'être précipité dans la fosse.

Les Allemands usèrent alors d'un procédé digne d'eux, afin de découvrir le ou les coupables : et comme ce n'était pas chose très facile, voici ce qu'ils imaginèrent :

Ils ne trouvèrent rien de mieux que de faire irruption dans les deux baraques qui se trouvaient immédiatement en face de l'endroit où avait été repêché leur compatriote, et le sabre levé ils menacèrent d'exterminer tous ceux qui s'y trouvaient; puis, voyant que ce moyen n'intimidait personne, ils placèrent un cordon de sentinelles autour de ces deux baraques, afin d'empêcher que les camarades ne pussent partager leur pain avec ces malheureux, et leur déclarèrent qu'ils étaient condamnés à mourir de faim s'ils ne dénonçaient pas le coupable.

Il est bon de dire que ce dernier ne se trouvait pas dans le nombre: il appartenait à une autre baraque; néanmoins, ceux qui étaient menacés d'une mort si terrible le connaissaient : c'était un soldat du premier régiment de zouaves.

Ce dernier, voyant qu'il allait être l'auteur de la mort de près de deux cents de ses camarades, était prêt à se dénoncer lui-même pour les arracher au plus vite au supplice de la faim ; mais ceux à qui il fit part de sa résolution lui dirent d'attendre, afin de savoir jusqu'où les Prussiens pousseraient leur cruauté.

Quatre jours se passèrent sans qu'aucune distribution de vivres ne fût faite aux malheureux consignés.

Le cinquième jour, ces martyrs mangeaient la paille qui leur servait de litière; et les Allemands, voyant qu'ils ne pouvaient obtenir aucun résultat, renoncèrent à leur projet barbare et leur firent donner des vivres.

On peut juger par cela quels étaient les liens de solidarité qui nous unissaient tous dans l'adversité que nous subissions.

Le 9 février 1871 est un jour que tous ceux qui ont passé cette dure captivité en Poméranie n'oublieront jamais.

Le thermomètre descendit ce jour-là à 41 degrés au-dessous de zéro! Les Allemands eux-mêmes, quoique habitués à ce dur climat, et très bien vêtus, étaient terrifiés par cette froidure mortelle; les charpentes de nos baraques se fendaient sous l'action de la gelée, et une épaisse couche de givre en tapissait l'intérieur.

Impossible de s'endormir avec un froid pareil, et il y en eut qui, engourdis et paralysés, furent trouvés gelés parmi leurs camarades, qui les croyaient endormis.

Les Poméraniens nous disaient en ricanant : « Encore deux degrés seulement, et les Français n'auront plus besoin d'être gardés! Leurs sentinelles étaient relevées de quart d'heure en quart d'heure ; une plus longue faction les eût anéanties.

Heureusement pour nous, cette température anormale ne dura que trois jours ; durée suffisante et qui fournit à l'hôpital plus de deux cents d'entre nous ayant les bras et les jambes gelés.

Avant de relater les derniers faits qui se produisirent jusqu'à l'époque de notre libération, il est bon que je dise de quelle manière les Allemands nous instruisaient des événements dont notre pays était le théâtre.

Nous ne pouvions absolument rien savoir par les lettres que nous recevions de France, car toutes celles contenant des renseignements sur la guerre ne nous étaient jamais remises : et bien souvent nous en reçûmes avec des lignes entières biffées, ou des fragments déchirés.

Un journal imprimé à Berlin, en français, et sur papier jaune, nous était distribué toutes les semaines.

Oh ! il y en avait des mensonges, dans cette feuille !

Selon eux, la France n'existait plus, elle allait être divisée en une foule de petits états placés sous le protectorat de l'Allemagne !!...

Il n'y avait plus un seul soldat pour les arrêter ; bien au contraire, on les acclamait partout, et ils étaient reçus à bras ouverts dans notre Patrie !!...

Et c'était à des Français que vous contiez cela ? Prussiens, va !

Mais vous ne saviez donc pas que nous étions suffisamment instruits sur le fil à retordre que vous donnaient nos compatriotes ?

Et la défense héroïque de Belfort ! et Châteaudun, Coulmier, Champigny, Buzenval, et tant d'autres lieux où vos têtes carrées furent fracassées ?

Mais tout cela nous le devinions à la recrudescence des coups de sabres et à vos physionomies bouleversées par la peur d'être envoyés au secours de vos compatriotes, assez bien arrangés en ce temps où la France n'était plus rien selon vous ! Et si vous avez employé jusqu'au mensonge pour nous enlever toute espérance, nous n'avons jamais douté un seul instant de notre Patrie.

Je ne parlerai pas ici de la joie bestiale qui éclata parmi cette population brutale à la nouvelle de la capitulation de Paris ; car rien ne saurait décrire les frénétiques démonstrations d'orgueil triomphant qui eurent lieu.

Paris, la capitale de l'héroïsme ; Paris, le foyer de toutes les intelligences et de les toutes sciences ; cette vaillante cité, âme dela France et de l'univers entier, ce berceau de la liberté d'où est parti pour la première fois le cri d'émancipation des peuples; Paris venait, après avoir donné l'exemple de tous les courages et de toutes les abnégations, de succomber, non sous la valeur et le courage des ennemis de la France, mais sous les coups d'une terrible famine qui décimait ses défenseurs.

Et cela était suffisant pour les lauriers allemands !

Partout, sur notre passage, les hurlements éclataient, cris féroces et ironiques, où les mots : Paris et « Frankreich caput! » dominaient.

La haine que ces tigres nourrissaient contre la France, avec une ténacité sans exemple depuis soixante années, était enfin assouvie, et la perspective des cinq millards surtout les plongeait dans l'ivresse de la joie. Oh ! cet or de la France, comme ils le convoitaient depuis longtemps !

Aucun de ces Teutons ne songeait aux terribles représailles de l'avenir ; car, pour eux, la France n'était plus qu'un ramassis d'esclaves qui devait être ballotté selon les caprices de leurs maîtres.

En un mot, c'en était fait de notre nation ! Ils comptaient seuls, ils avaient oublié complaisamment Valmy et Inéa.

Nous étions donc arrivés aux premiers

jours du printemps, assez tardif dans ces parages.

Notre position s'était un peu améliorée, car nous avions un ennemi terrible de moins, le froid.

Néanmoins, bien que la paix fût signée, les Poméraniens n'en devinrent pas plus humains à notre égard ; aucun changement ne fut apporté à notre misérable existence; et, comme si tout se fût tourné contre nous, une affreuse vermine nous dévorait lentement. Les poux!

Nous leur faisions cependant une guerre acharnée ; mais comment s'en débarraser, n'ayant pas de linge de rechange !

La paille où nous couchions en était infestée ; les tirailleurs algériens, au lieu de les tuer, les posaient précieusement à terre ; et chaque prisonnier en avait au moins un millier pour sa part !

Longtemps après notre rentrée en France nous étions tatoués par tout le corps de cicatrices semblables à celles que laisse la variole, et qui provenaient des ravages de cette vermine.

Et, pour comble d'ironie, nous voyions rentrer chaque jour quelques Poméraniens prisonniers de la France, dans un état de santé florissante, tous gras et frais, et qui parlaient de notre patrie comme du paradis terrestre.

Pendant que nous mourions de faim et de misère chez eux, ces goinfres n'avaient jamais été si heureux que chez nous!

Le rude hiver que nous venions de traverser avait laissé à la plupart une infirmité étrange, dont beaucoup guérirent après un traitement de quelques mois en France.

Cette infirmité était une cécité assez bizarre. Tous ceux qui en étaient atteints voyaient très bien pendant le jour, mais, dès que la nuit tombait, il leur était impossible d'apercevoir une lumière placée à un mètre de leurs yeux ; si bien que, lorsque nous traversâmes Stettin pour nous embarquer pour la France, notre départ ayant eu lieu la nuit, tous ceux qui n'en étaient pas atteints conduisaient un ou deux de leurs camarades par la main.

Dans le courant d'avril, trois des nôtres étaient parvenus à tromper la vigilance des sentinelles, qui du reste avaient une consigne bien moins sévère depuis la fin des hostilités, les évasions n'étant plus à redouter dans ce pays, où les paysans eussent massacré sans pitié ceux qui leur seraient tombés sous la main.

Ils étaient donc parvenus jusqu'à un village de bûcherons situé dans l'intérieur de la fôret, à trois kilomètres du camp.

Là, ils entrèrent dans une maison et supplièrent les habitants de leur vendre des vivres ; ces derniers y consentirent, mais exigèrent le paiement à l'avance.

Un des Français ayant placé un thaler sur la table, un des habitants s'en empara aussitôt; puis, saisissant un bâton il invita ses compatriotes à s'armer pour donner la chasse à ces canailles de Français !

Ces derniers, voyant les Poméraniens dans de semblables dispositions à leur égard, sortirent de la maison à la hâte et se mirent en devoir de regagner le camp au plus vite.

Alors toute la population du village se lança à leur poursuite, les uns armés de fourches, les autres de fusils ; ce fut une véritable chasse à l'homme.

Le bourgmestre, subitement devenu grand-veneur, dirigeait cette meute enragée ; heureusement pour nos camarades, la nuit approchait et ils étaient sous bois, car sans cela ils étaient infailliblement perdus.

Il n'y a pas à en douter : il devait y avoir une prime pour chaque prisonnier trouvé hors du camp ; cela seul peut expliquer l'acharnement des chasseurs.

Cependant, leur position devenait de plus en plus critique, car les sentinelles du camp, près desquelles il fallait passer pour rentrer, étant mises en éveil par les cris sauvages que poussaient ces bandits acharnés à leur poursuite, allaient sans aucun doute se mettre de la partie, lorsque le hasard amena ces malheureux à déboucher de la forêt tout près du cimetière des Français.

Alors ils eurent tous trois spontanément

la même inspiration : escalader la palissade pour se réfugier dans le cimetière fut pour eux l'affaire d'une seconde, et, en moins de temps qu'il n'en faut pour l'écrire, ils étaient blottis dans une fosse nouvellement ouverte.

Heureusement aussi que l'obscurité commençait à se faire, et que ni les paysans ni les sentinelles ne les virent escalader la palissade, car ces brigands les eussent fusillés sans pitié dans leur refuge.

Du fond de leur lugubre cachette, ils entendirent les forcenés qui les avaient poursuivis jusque-là discuter avec les factionnaires ; puis toute la bande fit le tour du cimetière en fouillant les plis du terrain; et, voyant que les trois Français leur avaient bel et bien échappé, ils regagnèrent leur village en vomissant de rage une foule d'imprécations.

Cependant, comment sortir de là sans être vu ni entendu ? Ce n'était guère possible, surtout alors que les sentinelles étaient mises en éveil par ce qu'elles venaient d'apprendre.

Les pauvres réfugiés résolurent d'attendre que ces dernières fussent remplacées par d'autres qui, quoique instruites de ce qui s'était passé, apporteraient moins d'attention.

Alors l'un d'eux sortit de la fosse avec précaution et prêta l'oreille pour s'assurer de la distance à laquelle se trouvait la sentinelle la plus rapprochée; cette dernière se promenait à environ cinquante mètres du cimetière.

Il en informa ses camarades, et tous trois décidèrent qu'il fallait essayer de gagner le camp un à un et à intervalles assez éloignés.

Onze heures sonnaient au village de Krekow, lorsque le premier quitta en rampant ce funèbre lieu, qui servait d'asile à trois vivants et à tant de morts!

Pendant plus d'une heure rien n'étant venu troubler le silence de la nuit, le deuxième se hasarda à son tour, et à trois heures du matin le dernier avait pu, ainsi que ses camarades, atteindre heureusement sa baraque.

Ces malheureux, dont un resta pendant plus de quinze jours comme idiot, venaient de frôler la mort de bien près, car nul doute que s'ils eussent été découverts, la fosse qui les avait abrités vivants garderait encore leurs squelettes aujourd'hui.

Ce fut vers cette époque, c'est-à-dire après le dégel, que le typhus fit le plus de victimes.

Chaque jour une dizaine d'entre nous étaient désignés pour aller mettre dans les cercueils ceux qui succombaient à cette terrible épidémie.

Un jour, que trois de mes camarades et moi étions occupés à cette triste corvée, nous reconnûmes parmi les morts le frère d'un de nos camarades.

Ils s'étaient engagés tous deux au début de la campagne, dans le même régiment; faits prisonniers à Orléans, après l'affaire de Coulmiers, ils avaient partagé les mêmes dangers, supporté les mêmes souffrances.

Depuis trois jours le plus jeune, âgé de dix-huit ans, était entré à l'hôpital; la roue d'un tombereau chargé de pierres lui avait passé sur une jambe, et c'est là que le terrible fléau était venu le terrasser.

Nous étions à nous consulter, hésitant à mettre au cercueil cet infortuné sans en avoir prévenu son frère, qui l'avait vu vivant la veille, et qui maintenant se trouvait être tout près de l'hôpital, occupé avec d'autres prisonniers à des travaux de terrassement.

Nous résolûmes de le prévenir du nouveau malheur qui l'atteignait, et l'un de nous alla le chercher en lui disant que son frère le demandait !

Après avoir obtenu la permission avec bien des peines, il se hâtait d'accourir et se dirigeait déjà vers l'endroit où son frère était couché la veille, lorsque celui qui était allé le chercher lui dit : « Viens, ton frère est là ! »

Lorsqu'il aperçut ce cadavre enflé et noirci, et de la bouche duquel sortait une écume rougeâtre, il resta anéanti.

Soudain il éclata en sanglots ; et, avant que nous eussions songé à l'en empêcher, il se jeta sur le corps de son frère en s'écriant : « Que vais-je dire à notre mère, lorsque je rentrerai sans toi ? »

Puis, étreignant ce cher cadavre dans ses bras, il le couvrit de baisers ; et nous eûmes toutes les peines du monde à l'arracher de là, afin de pouvoir continuer notre douloureuse besogne.

J'ai déjà parlé de cet hôpital, sans en faire la description ; mais puisque j'y suis revenu, je vais essayer d'expliquer ce qu'était ce gouffre qui engloutissait tous ceux qui en approchaient.

A la gauche du camp, c'est-à-dire à l'extrémité qui touchait au village, s'élevait une vaste construction en briques et en bois ; ce bâtiment n'avait pas d'étage, et à première vue, avait l'aspect d'un vaste hangar.

Une seule entrée, placée au milieu de la façade regardant le camp, donnait accès dans l'intérieur ; et au-dessus de cette entrée on lisait ces mots : « Kœnigliches-Lazaret (hospice royal).

Un petit bâtiment annexe servant d'amphithéâtre avait été construit derrière : on y entassait aussi ceux qui succombaient à des maladies épidémiques, forçant le scalpel au respect.

En pénétrant dans cet hôpital, on avait à sa droite un petit local servant de bureau à un sous-officier infirmier, et à sa gauche deux autres locaux, dont l'un était un magasin de cercueils et l'autre servait de salle de bains.

Expliquons d'abord ce qu'était cette salle.

Que l'on se figure une pièce ayant environ trente mètres carrés et dans laquelle était placée une baignoire toujours pleine d'eau où surnageaient de gros glaçons ; à côté, deux seaux, également pleins, attendaient.

Qui ? Les malades ! Avant d'être admis à l'hôpital, ils devaient tous passer par là.

Quel que soit le genre de maladie, il n'y avait pas à tergiverser : il fallait bon gré mal gré entrer dans cette baignoire ; et ceux qui s'y refusaient recevaient le contenu des deux seaux que leur lançaient deux infirmiers prussiens.

Une fois cette formalité remplie (et pas un seul n'y échappait), on donnait une couverture à chaque malade ; et s'il ne pouvait le faire, on le roulait dedans ; puis on le portait à la place qui lui était désignée dans l'intérieur de l'hôpital, dont voici la description.

L'aile droite et l'aile gauche de ce bâtiment formaient deux grandes salles de quarante mètres de long chacune, sur dix de large environ, et dans lesquelles deux rangs de lits de camp avaient été construits.

Sur ces lits de camp, on avait ménagé des cases séparées par des planches ; dans chacune de ces cases il y avait une paillasse de paille de seigle ; voilà toute la literie de cette succursale du cimetière.

Au milieu de chaque salle, un grand baquet plein d'eau et de glace était en permanence, et sur une table étaient placées des piles de morceaux de toile de vingt centimètres carrés.

Tous les heures, un infirmier passait ; il trempait dans le baquet ces carrés de toile, puis en appliquait un sur la poitrine de chaque malade, sans égard à la nature de la maladie.

Un quart d'heure après, la fièvre avait séché ces cataplasmes glacés, qui marquaient un carré rouge sur la poitrine de ces malheureux.

Tel était le traitement auquel on soumettait les Français : qu'on juge combien il devait en réchapper !

Chaque jour, un médecin-major chargé de la visite faisait sa tournée, ordonnant quelques drogues par-ci par-là, sans aucune explication sur la manière de les employer.

Si bien qu'un jour un malade, qui avait les jambes gelées, prit un flacon qui lui avait été remis sur l'ordre du docteur, et en avala le contenu.

Une demi-heure après il mourait dans d'affreuses convulsions.

Telle était la manière dont étaient traités des malheureux que l'humanité recommandait à tous les égards.

Depuis notre tentative de soulèvement, un réverbère à huile avait été placé dans chaque baraque, afin de permettre aux patrouilles d'apercevoir ce qui se passait la nuit parmi nous.

Tous les matins, un soldat du génie passait avec une burette et emplissait le godet de ce réverbère.

Or, dès les premiers jours de beau temps, nous remarquâmes, dans le cours de nos travaux, certaines herbes qui nous parurent bonnes à être mangées en salade.

Nous ne possédions ni huile ni vinaigre ; comment assaisonner cette salade? L'un de nous se mit à dire : « Il faudra nous partager par groupes de dix ; et chaque jour ce sera le tour à l'un de ces groupes de manger de la salade ; mais, pour cela, il faudra enlever l'huile de la lanterne en en laissant pourtant quelques gouttes, afin que l'on puisse l'allumer ; de cette façon les Prussiens ne se douteront de rien. »

Cette idée fut, comme on le pense bien,

adoptée avec empressement ; et chaque jour une dizaine de prisonniers par baraque se payaient le luxe de manger de la salade ! et quelle salade !!! quelques poignées d'herbes que nous arrosions avec cette huile infecte, qui avait séjourné dans un godet de cuivre, et voilà tout ! Malgré cela, on attendait avec impatience, son tour de pouvoir en manger, car cela nous rappelait la France, et apportait un changement à la nourriture immonde que nous avions depuis si longtemps.

Vers la fin d'avril, nous commençâmes à nous inquiéter. Pourquoi ne nous rendait-on pas à la France ? que signifiait cette captivité prolongée, puisque la paix était signée ?

Des rumeurs étranges circulaient parmi nous et commencaient à s'y accréditer, rumeurs plus absurdes les unes que les autres, et qui ne pouvaient surgir que dans l'imagination d'êtres abreuvés de malheurs et avides de liberté.

Les uns, se disant très bien renseignés, affirmaient que l'Allemagne, continuant la guerre avec une autre puissance, ne voulait pas nous rendre de crainte que la France, retrouvant ses régiments, ne reprît l'offensive.

D'autres disaient que tous les prisonniers de Poméranie devaient rester comme otages, jusqu'à l'entier paiement d'une indemnité de guerre dont nous ignorions l'importance.

Tous ces bruits nous entretenaient dans une grande anxiété et provoquaient déjà un découragement général, lorsqu'un jour quelques-uns se hasardèrent à demander à un officier allemand quelle était la cause qui retardait notre libération.

« Tant que Paris sera en révolution, répondit ce dernier, vous ne devez pas rentrer en France! »

Paris en révolution! Que signifiait cela?... Contre qui et pourquoi cette révolution?

Ah! nous étions loin de penser, comme nous l'apprîmes quelques jours après, que des Français avaient le triste courage de s'étrangler entre eux, sous les yeux de l'ennemi!

Ainsi, il n'y avait plus de doute, on avait déjà oublié l'Allemand pour s'exterminer entre Français !

On avait même dirigé à la rescousse, contre la Grande Ville qui venait d'étonner l'univers par un héroïsme sans exemple, un certain nombre de jeunes soldats nouvellement appelés et qui étaient aussi prisonniers de l'Allemagne depuis un ou deux mois ; mais on s'était prudemment gardé d'y inviter les trahis de Metz et de Sedan ; car les capitulards qui dirigeaient l'hécatombe de Paris savaient bien qu'il y aurait eu des comptes terribles à rendre, de même que les Allemands n'ignoraient pas non plus qu'il y en avait parmi nous qui avaient fait le serment de ne lancer leur première balle que sur les vendales de Bazeilles !

Du jour où nous sûmes que c'était là le motif qui prolongeait notre exil, cette dure captivité nous parut moins terrible, car tous nous aurions préféré mille morts plutôt que d'être engagés dans une guerre fraticide, surtout après les malheurs qui avaient assailli notre malheureuse Patrie.

Mai s'écoula ; et, dans le courant de juin eut lieu le dernier incident qui marqua la fin de notre supplice.

J'avais oublié de dire que des Juifs allemands avaient obtenu la permission d'établir des cantines dans notre camp.

Dans ces cantines, qui étaient au nombre de quatre, et qui consistaient en de simples cahutes en planches, on vendait comme aliments du pain, des harengs et du fromage, et comme boisson du café, de la bière et du *schnaps* (eau-de-vie); ce dernier breuvage était interdit aux Français.

Les soldats poméraniens seuls pouvaient en déguster à leur aise ; le reste était autorisé pour les prisonniers.

Inutile de dire que tous ceux qui, recevant de l'argent de leurs parents, allaient dans ces cantines, se faisaient voler de la plus belle façon.

Un jour, un chasseur à pied et un turco prenaient ensemble un quart de café dans une de ces cantines ; ils étaient debout près d'une caisse servant de comptoir et attendaient qu'on leur rendît la monnaie d'un thaler que l'un d'eux avaient donné en paiement du café qu'ils avaient bu.

A côté d'eux, un groupe de soldats poméraniens absorbaient force chopes de bière.

Voyant qu'on ne leur rendait pas leur monnaie, les deux Français se décidèrent à la réclamer ; une discussion s'éleva, au cours de laquelle le Juif répondit effrontément qu'il n'avait absolument rien à leur rendre.

Ils essayèrent de protester ; et, le turco criant un peu plus fort que son camarade, un des Poméraniens quitta brusquement la table où il buvait, et, s'approchant traîteusement de l'Algérien, lui fendit, par derrière, le crâne d'un coup de sabre.

Aussitôt les quelques Français présents dans cette cantine se hâtèrent d'en sortir et se dispersèrent dans le camp, où ils répandirent la nouvelle du crime qui venait de se commettre.

Alors, l'exaspération fut à son comble.

Comment, à cette date où nous aurions dû être tous rendus à la France, alors que la paix était signée depuis des mois déjà, ces sauvages continuaient froidement leur massacre d'hommes sans défense !

Et cela parce qu'il avait plu à un grossier filou, comme ils le sont tous d'ailleurs, de voler l'argent de nos compatriotes !

Coûte que coûte, il nous fallait châtier ce coquin, qui était le principal auteur de la mort du malheureux tirailleur.

Alors, nous nous précipitâmes vers le lieu du crime avec l'intention bien arrêtée de mettre à sac cette cahute transformée en boucherie.

Arrivés là, nous aperçûmes un artilleur français en faction près de la porte, sur laquelle il venait de coller un écriteau où on lisait ces mots : « Ici on vole et on assassine ! »

Ce dernier nous prévint que la cantine était pleine de soldats allemands, qui buvaient à rasades le schnaps que leur versait complaisamment le pendulard qui venait de faire tuer un des nôtres.

Alors nous commençâmes, à grands coups de pierres, le siège de ce repaire de brutes.

Les soldats se montrèrent aussitôt en vociférant et firent mine de vouloir sortir ; mais comme leur courage ne s'étendait pas jusque-là, ils se hâtèrent de rentrer ; car ils ne sont hardis que lorsqu'ils sont armés jusqu'aux dents et que leurs adversaires ne le sont pas.

Soudain, un officier à cheval apparut ; c'était le commandant du camp. S'adressant à nous en français, il nous invita au calme, en nous assurant que justice serait faite.

Il se dirige vers la cantine, où il met pied à terre ; là sa vue s'arrête sur l'affiche citée plus haut ; il l'arrache, la jette à terre et la foule aux pieds, en nous menaçant à son tour.

Tout à coup, les deux bataillons casernés près du village arrivent au pas de course, sous les ordres d'un officier supérieur.

Cette troupe fait halte à environ cent mètres de nous, se place en bataille et se met aussitôt en devoir de défaire ses paquets de cartouches.

Un officier s'avance et nous somme de nous disperser et de rentrer dans nos baraques ; nous répondons par des sifflets et par le cri de : Tas de lâches !

Aussitôt une deuxième sommation nous est faite ; alors comprenant que dans cette lutte inégale nous allons tous nous faire fusiller sans même pouvoir venger notre camarade, nous nous retirons lentement, et tout paraît terminé, lorsque soudain des cris de joie se font entendre derrière la cantine, d'où s'élève une épaisse fumée.

Des turcos, après avoir amassé de la paille derrière cette baraque, venaient d'y mettre le feu.

Malheureusement ce commencement d'incendie fut presque aussitôt éteint.

A dater de ce jour, aucun Français ne remit les pieds dans ces cantines, et cet incident fut le dernier qui survint jusqu'au jour de notre délivrance, qui arriva enfin le 18 juillet 1871.

LE RETOUR

XI

Lorsque la nouvelle se répandit que nous allions partir, rien ne saurait dépeindre la joie qui s'empara de nous.

Nous étions au travail, lorsqu'un exprès vint apporter l'ordre de nous faire rentrer au camp, afin de nous préparer au départ.

Nous allions donc la revoir, cette chère France, et quitter ces bourreaux qui nous avaient tant fait souffrir !

Oh ! comme il nous tardait de ne plus fouler ce sol maudit !

Notre bonheur ne peut être compris que de ceux qui ont subi un exil forcé.

Cependant, cette joie si naturelle fut pour nous mêlée de tristesse.

Dans la soirée de ce jour où nous reçûmes l'ordre de nous mettre en route, et lorsque la tête de colonne prit la direction de Stettin, un poignant serrement de cœur s'empara de nous, lorsque nous jetâmes nos regards dans la direction de ce coin solitaire et silencieux que les ombres du soir commençaient à envahir, et où dormaient ceux pour qui il n'y avait plus de retour, ceux qui allaient désormais être seuls avec leurs bourreaux !

Ce fut en refoulant nos larmes et en saluant une dernière fois ce triste asile, que nous quittâmes ce camp de Krekow, où tant des nôtres sont pour jamais ensevelis.

Et puis, au souvenir de ceux-là venait se joindre celui d'autres infortunés qui, pour des riens, ont été condamnés par les conseils de guerre allemands à des peines variant de *dix* à *trente* ans de forteresse.

Que sont-ils devenus, ceux-là ? Ont-ils pu survivre à une telle existence, ou bien la mort libératrice les a-t-elle couchés à côté de leurs frères ?

Oh ! à la seule pensée qu'il s'en trouve encore dans ces affreuses casemates, on frissonne !

Pauvres malheureux ! ils sont morts pour les leurs, morts pour tous, et s'il y en a qui aient survécu, ils doivent être des vieillards aujourd'hui.

Car c'était quelque chose de terrible que les peines infligées pour les plus infimes peccadilles.

Un jour, un homme de ma compagnie ayant été condamné à quinze jours de prison pour s'être enfui du travail, revint parmi nous complètement idiot.

Il avait vécu *trois cent soixante heures* avec une gamelle d'eau chaude chaque matin, un morceau de pain tous les quatre jours et sans pouvoir *s'asseoir ni se coucher !*

Assez ! Assez ! car il y a des monstruosités que la plume se refuse d'écrire ! Un

jour..... oh ! ce jour-là ! . . . .
. . . .

Lorsque nous fûmes arrivés à Stettin, la colonne s'arrêta sur la Vittoria Platz, et les Allemands nous ayant fait aligner sur trois rangs, un officier parcourut notre front, en criant en français : *Ceux qui veulent rester en Allemagne, sortez des rangs !!*

Soit que ces paroles eussent produit sur nous un effet stupéfiant, soit que nous n'eussions pas compris, tant nous étions loin de nous attendre à pareille demande, l'officier répéta son appel une seconde fois.

Oh ! alors, nous avions compris, ce gaillard devait sans doute se moquer de nous.

Quoi ! rester en Allemagne? mais décidément nous devions donc être insultés jusqu'à la fin !

Un cri, un seul éclata, formidable : Vive la France ! et ce fut tout.

Nous nous dirigeâmes ensuite vers la gare des marchandises, où notre embarquement eut lieu à minuit, dans des wagons français. C'étaient des véhicules à marchandises, mais pour nous ils avaient l'air de vrais palais.

Des wagons français ! mais cela ne sentait-il pas déjà un peu la France !

Je ne dirai rien de la foule qui nous accompagna de ses railleries jusque-là ; j'ai assez parlé de ce peuple de Poméraniens, pour que mes lecteurs le connaissent désormais.

Je ne citerai aussi que notre second passage à Berlin ; quant au reste, je n'en dirai rien, car les cris et les lâchetés de la foule furent les mêmes que neuf mois auparavant.

Partis à minuit de Stettin, nous arrivâmes à Berlin le lendemain matin à dix heures ; et, de même que lors de notre premier passage, nous descendîmes pour manger.

Seulement l'immense réfectoire était maintenant tout tapissé de fleurs et de verdure ; les portraits de Guillaume et de Bismarck étaient accrochés aux murs, et un colossal arc-de-triomphe avait été dressé à la porte ; car ce réfectoire servait spécialement aux troupes de retour de France; et ces *héros* grisés d'orgueil étaient reçus chez eux comme des dieux.

Lorsque nous eûmes terminé notre repas, qui du reste était identique à celui que nous avions déjà pris là jadis, le train se remit en marche, et nous fûmes exhibés une dernière fois.

Les rues étaient pleines d'une populace hurlant à tue-tête la *Wacht am Rhein* et nous accablant de railleries et d'injures.

Soudain, un zouave sort de sa poitrine un lambeau de drapeau tricolore qu'il avait conservé depuis Strasbourg.

Il se glisse par un vasistas du wagon, puis grimpe sur la toiture, et là, il brandit ce glorieux débris.

Alors, en un clin d'œil, les toitures des wagons sont remplies de Français ; et la *Marseillaise*, partant d'un millier de poitrines, répond à l'hymne allemand qu'elle couvre de ses accents !

Dès les premiers vers de notre chant national, les Allemands se taisent, et nous les entendons se répéter entre eux ces mots : « Marseillaise ! Marseillaise ! »

A quoi l'hymne de Rouget de L'Isle les faisait-il rêver ?

Ainsi s'opéra notre traversée dans la capitale des Teutons.

A Hall, nous croisâmes un train d'artillerie et de soldats du génie allemand.

Ces Borusses nous criaient : Saint-Denis ! Saint-Denis ! et nous montraient un énorme canon, enguirlandé de rubans et de fleurs, en hurlant : « Paris caput ! »

Nous leurs répondîmes : « A bientôt ! » et nous continuâmes notre voyage.

Enfin, le 21 juillet au matin nous mangeâmes pour la dernière fois à Landau (Bavière) et à midi nous arrivions en gare de Wissembourg.

Alors un cri formidable de : « Vive la France ! » sortit de toutes les poitrines ; et, quoique le train n'eût que l'arrêt nécessaire pour faire de l'eau, nous sautâmes à terre, tellement il nous tardait de fouler le sol de la France.

Car c'était la Patrie que nous voyions

maintenant, et pour nous il n'y avait pas de traité de Francfort, qui du reste ne germanisera jamais les Français qui ont nom Alsaciens-Lorrains.

Entre Wissembourg et Haguenau, le train allait très lentement ; et, comme si les habitants des villages que nous traversions eussent voulu nous dédommager des insultes que nous avions subies, ils nous acclamaient à notre passage.

Une bonne femme, que nous aperçûmes sur une route qui côtoyait la voie ferrée, se mit à suivre le train en courant de toute ses forces et nous jeta deux pains qu'elle portait, malgré nos cris l'invitant à les garder pour elle.

Ah ! ces vaillantes populations nous ont donné la preuve qu'elles étaient bien françaises, et que le trait fait sur la carte de France n'avait produit qu'un effet, celui d'augmenter chez elles la haine de l'Allemand.

Une dernière méchanceté des Prussiens nous était encore réservée, lors de notre passage en Alsace.

La patriotique population de Strasbourg faisait de véritables ovations aux prisonniers de passage.

Les autorités allemandes décidèrent qu'à l'avenir aucun train ramenant de ces derniers n'entrerait plus en gare, où ces braves avaient organisé un immense buffet pour les prisonniers.

Ce fut au lieu surnommé la Rotonde, à quelques kilomètres de Strasbourg, que nous bifurquâmes pour nous diriger sur Avricourt ; et le 22 juillet au soir nous étions remis aux autorités françaises, à Lunéville, dans cette même caserne de l'Orangerie où nous avions couché avant de partir pour l'exil.

Le lendemain, nous étions dirigés, suivant les régiments auxquels nous appartenions, sur diverses intendances, qui nous donnaient les pièces nécessaires pour rejoindre nos corps et faire constater notre identité.

AVANT

LES PREMIERS COMBATS

Et maintenant que j'ai terminé ce récit de souffrances et de larmes, qu'il me soit permis d'adresser quelques avertissements salutaires à tout ce qui est Français.

Souvenons-nous des engagements pris pendant et après la guerre, lorsqu'il n'y avait qu'un cri en France pour se méfier désormais des Allemands et leur refuser du travail.

Nos grandes villes et nos campagnes sont aujourd'hui inondées de nos envahisseurs d'hier, qui viennent chez nous se mettre en mesure de manière à devenir sûrement nos envahisseurs de demain.

Avons-nous donc déjà oublié les uhlans connaissant aussi bien que nous, sinon mieux, les moindres sentiers de nos villages ?

Il ne faut pas nous laisser leurrer et espionner tout à la fois par ces personnages cauteleux, qui ont une haine héréditaire contre notre pays, objet de leurs éternelles convoitises.

Quoi, après avoir fait mourir de faim les prisonniers français, ils viendraient enlever le travail et par conséquent le pain des citoyens de France !

Hors de l'usine et du magasin, du bureau et de l'atelier ; hors de partout, ces futurs fourriers de l'armée allemande !

Le patriotisme l'exige, la sécurité de la patrie le commande!

Et vous, jeunes bataillons scolaires, sociétés de gymnastique et de tir, qu'il me soit aussi permis de vous dire ceci :

Votre tâche est noble ; fortifiez-vous et préparez-vous avec ardeur à la défense de la Patrie.

Par l'instruction, apprenez à devenir un jour de bons et utiles citoyens, et vouez vos jeunes cœurs à l'amour de la France.

Ayez constamment les yeux tournés vers vos frères de l'Est, dont les cœurs battent avec les vôtres.

Par les armes et la discipline, appliquez-vous à devenir de bons soldats, afin que si un jour la Patrie était menacée, elle trouve en vous d'héroïques défenseurs.

Et, lorsque le canon grondera sur les

Vosges, que les jeunes bataillons de la République animés du souffle de Valmy se dérouleront, massés et disciplinés, dans les plaines d'Alsace et de Lorraine, ce jour-là, si les malheurs de vos amis vous menaçaient, luttez! oh! luttez tous jusqu'au dernier et surtout, quoi qu'il advienne, trahison ou revers, ne vous rendez jamais !!!

Car mieux vaut mille fois la mort que de pareilles humiliations et qu'un semblable esclavage.

Souvenez-vous que les morts ne sont pas des vaincus!

FIN

TABLE DES MATIÈRES

Corbeil, — Imp. L. DREVET

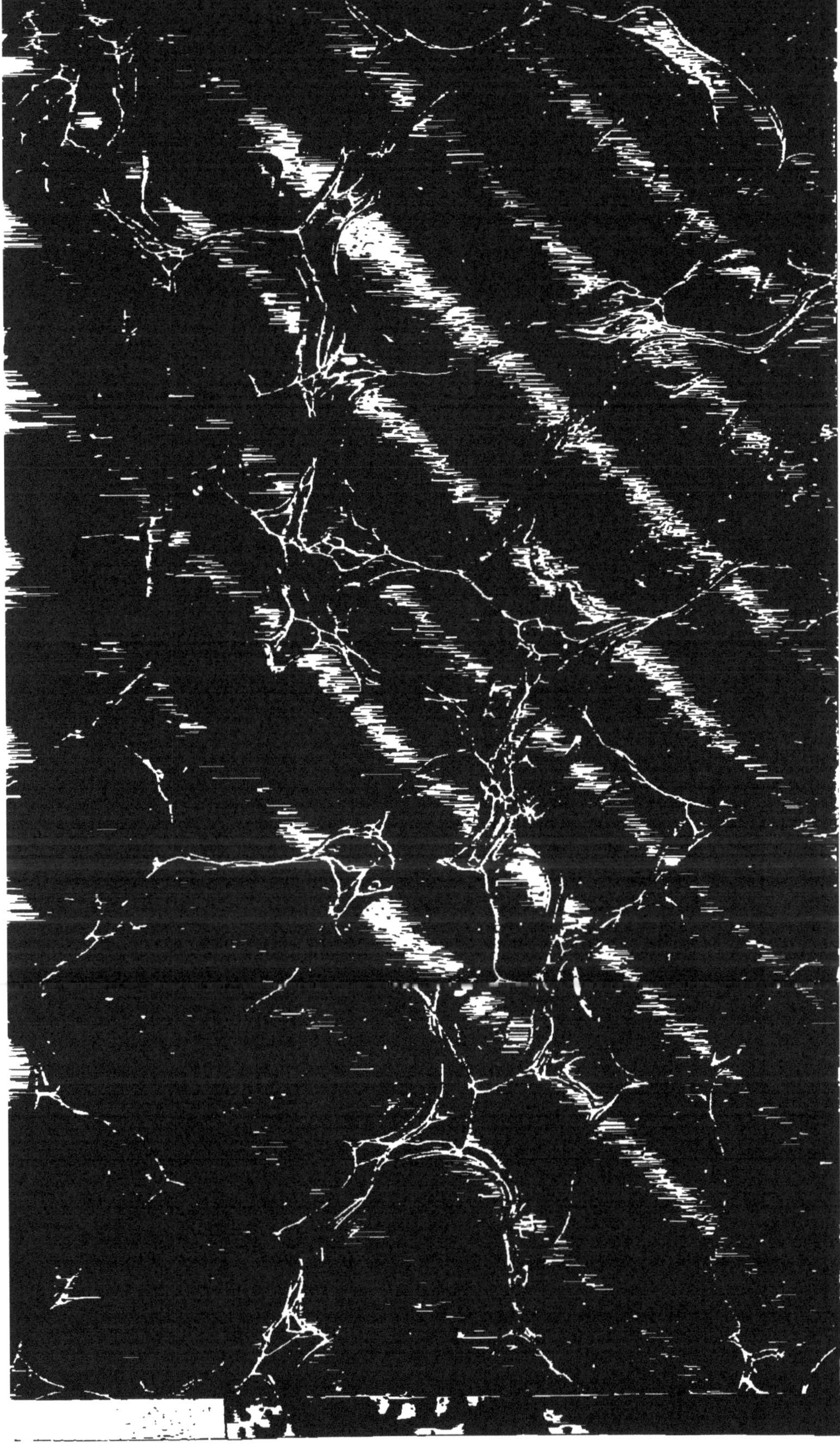

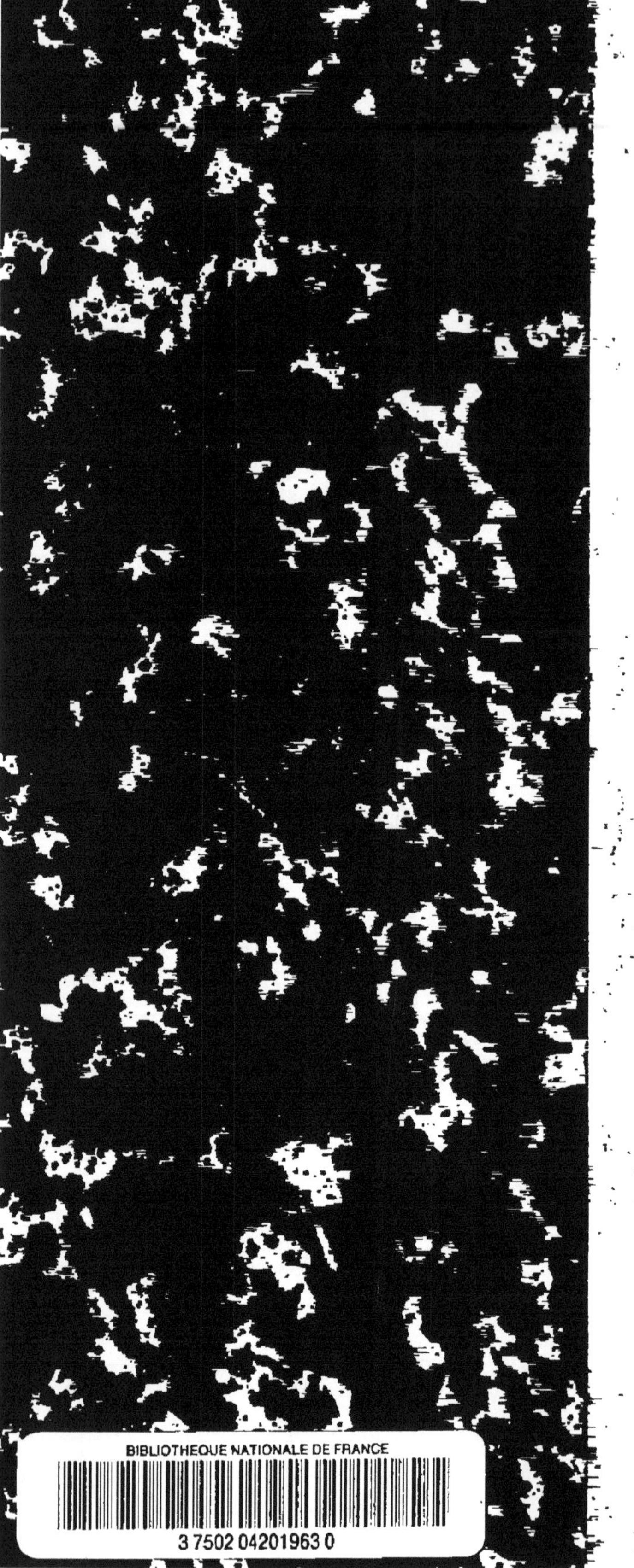

www.ingramcontent.com/pod-product-compliance
Ingram Content Group UK Ltd.
Pitfield, Milton Keynes, MK11 3LW, UK
UKHW012028240726
13965UKWH00002B/651

9 782012 974043